Mach mit!

Deutsch für Anfänger

1

초급독일어

EPRESS

책을 펴내면서

2013년은 한국과 독일이 국교를 수교한 지 130주년, 그리고 우리나라 간호사와 광부가 독일에 파견된 지 50주년이 되는 해이다. 이러한 우연의 일치에 더해 유럽 통합의 구심점으로서 독일의 비중이 더욱 커지고, 이에 부응하여 독일어 수요에 대한 기대가 점점 확산되는 이 시점에 이화여자대학교 독일어교재편찬위원회가 새로운 교재를 펴내게 된 것은 매우 고무적인 일이다. 전통적으로 독일어는 인문학, 사회과학, 의학, 기초자연과학을 비롯한 여러 학문과 예술 영역에서 필수적인 언어였지만, 오늘날에는 여기에서 더 나아가 정치 · 외교 · 경제 분야의 국제무대에서도 경쟁력 있는 언어로서 인정받고 있다. 또한 요즘 우리 사회에서도 교육, 사회복지 정책은 물론 생태와 환경 분야에서도 '독일 배우기'의 필요성에 대한 폭넓은 공감대가 형성되고 있다. 이러한 사실은, 독일어를 배운다는 것이 국내외의 보다 넓고 다양한 가능성에 도전하는 뜻깊은 준비가 된다는 것을 의미한다.

『Mach mit!』는 독일어를 처음 배우는 대학생들을 비롯한 모든 초보자들을 위해 개발되었다. 2단계의 학습과정에 맞춰 총 2권으로 구성되어 있으며, 각 권은 15주 45시간 기준의 대학교 한 학기 수업 진도에 맞게 편성되어 있다. 독일어의 기본 표현을 익히고 의사소통 능력을 향상시키려는 목적으로 집필된 제1권은 2008년에 출간된 『Auf Deutsch, bitte!』를 수정 · 보완한 교재이다. 새 교재 집필진은 기존 교재의 틀을 유지하면서 장점을 최대한 살리는 방향에서, 보다 나은 학습 효과를 거둘 수 있도록 새로운 텍스트와 대화문을 추가하고 문법 내용과 연습문제를 보강했다. 그리고 이번에 새로 집필하게 된 제2권은 제1권의 학습 내용을 바탕으로 좀 더 다양한 독일어 표현들을 익힐 수 있도록 독일 현지에서 생활하거나 유학할 때 마주칠 수 있는 일상적 상황들을 중심으로 구성되어 있다.

짧은 기간 내에 이 두 권의 교재가 성공적으로 마무리될 수 있었던 것은 많은 분들의 진심 어린 도움 덕분이었다. 먼저 이난희 이화여대 명예교수님을 비롯한 『Auf Deutsch, bitte!』의 전 집필진이 개정 작업에 흔쾌히 동의해주신 것이 이 지난한 작업의 첫걸음이 되었다. 이 지면을 빌려 이분들의 지난 노고와 아량에 깊이 감사드린다. 또한 독일 현지의 생생한 분위기를 살릴 수 있도록 사진 이미지를 제공해준 Ewha Global Initiative(EGI) 8기 탐사단과 서울대학교 홍진호 교수님, 독일어 교정을 도와주신 Rainer Völlmerk 교수님과 Jan-Philipp Holzapfel 교수님, 그리고 좋은 삽화를 그려주신 일러스트레이터 김미규 씨께 감사드린다. 무엇보다 모든 수고의 시작부터 끝까지 함께하셨던 교재 집필진 김미선 선생님, 목승숙 선생님, 박인원 선생님, 임석원 선생님의 노고가 값진 열매로 돌아올 수 있기를 바라는 마음 간절하다.

2014년 1월
이화여자대학교 독일어교재편찬위원회

일러두기

두 권으로 기획된 초급 독일어 교재 『Mach mit!』의 제1권인 이 책은 독일어를 처음 접하는 학생들이 발음부터 시작하여 실생활과 연계된 대화를 통해서 쉽게 독일어를 배우고 익히도록 구성되어 있다. 특히 전반부는 간단한 문법과 비교적 쉬운 대화로 구성되어 후반부보다 빠르게 진도를 나갈 수 있을 것이다.

총 10과로 이루어진 제1권의 구성은 다음과 같다.

- 1과부터 3과까지는 인사말과 자기소개, 가족, 직업과 관련된 내용으로 기본적인 문장 구조와 동사의 현재형을 익히고 연습한다.
- 4과부터 7과까지는 의식주와 관련된 상황 속 표현들을 익히면서 명사와 관사, 그리고 불규칙 동사 변화를 학습한다.
- 8과부터 10과까지는 여가 활동과 취미, 위치와 교통, 하루 일과와 연관된 대화를 통해 전치사와 조동사, 분리 동사와 비분리 동사를 익힌다.

각 과는 기초적인 회화와 표현 익히기로 시작하여 심화된 회화와 표현 연습으로 이어지고 문법 정리와 연습문제로 마무리하도록 A, B, C, D 또는 A, B, C, D, E 단계로 구성되었다. 이와 같이 이 교재는 기초적인 문장에서 시작하여 심화된 대화문으로 이어지는 단계별 구조로 이루어져 있어서 초보자들이 쉽고 체계적으로 독일어를 배울 수 있다는 장점을 가지고 있다.

중심적인 기본 문형과 대화는 MP3 파일로 녹음하여 발음과 듣기, 말하기 연습에 활용할 수 있도록 했다. MP3 파일은 이화여자대학교 독어독문학과 홈페이지(home.ewha.ac.kr/~german) 자료실과 이화여자대학교 출판문화원 홈페이지(www.ewhapress.com) 자료실에서 내려받을 수 있다.

책의 말미에는 듣기 텍스트Hörtexte와 단어 목록Glossar, 그리고 각 과별 연습문제의 정답Lösungen을 첨부하여 학생들이 예습과 복습에 활용할 수 있도록 했고 이 교재를 독학하는 학생들에게도 도움을 주고자 했다. 단어 목록은 쉽게 찾아볼 수 있도록 알파벳 순서로 수록했다.

Inhalt

Vorbereitung

Das Alphabet

1

A	a	[a:]	P	p	[pe:]
B	b	[be:]	Q	q	[ku:]
C	c	[tse:]	R	r	[ɛr]
D	d	[de:]	S	s	[ɛs]
E	e	[e:]	T	t	[te:]
F	f	[ɛf]	U	u	[u:]
G	g	[ge:]	V	v	[fau]
H	h	[ha]	W	w	[ve:]
I	i	[i:]	X	x	[ɪks]
J	j	[jɔt]	Y	y	[ʏpsilɔn]
K	k	[ka:]	Z	z	[tsɛt]
L	l	[ɛl]	Ä	ä	[ɛ:]
M	m	[ɛm]	Ö	ö	[ø:]
N	n	[ɛn]	Ü	ü	[y:]
O	o	[o:]		ß	[ɛstsɛt]

Die deutschen Laute

Vokale

2

a	[a:]	Abend	Haar	fahren
	[a]	alt	Wasser	Tante
e	[e:]	Weg	Tee	weh
	[ɛ]	Bett	Welt	elf
	[ə]	Name	Hose	wohnen
i	[i:]	Kino	Liter	Ihnen
	[ɪ]	immer	bitten	finden
o	[o:]	Ofen	Boot	Sohn
	[ɔ]	oft	Topf	Sonne
u	[u:]	du	Hut	Stuhl
	[ʊ]	Lust	Mutter	gesund
y	[y:]	Typ	Lyrik	Mythos
	[ʏ]	Ypsilon	Gymnasium	sympathisch
	[j]	Yoga	Yacht	
ä	[ɛ:]	Käse	Mädchen	Hähnchen
	[ɛ]	März	Hände	häßlich
ö	[ø:]	Öl	schön	Möbel
	[œ]	möchten	zwölf	Wörter
ü	[y:]	Gemüse	über	kühl
	[ʏ]	München	fünf	müssen
ei, ai	[aɪ]	Eis	heißen	Mai
ey, ay		Meyer	Bayern	
eu, äu	[ɔʏ]	heute	euch	Verkäufer
ie	[i:]	sie	Liebe	wieder
	[iə]	Familie	Ferien	Italien
au	[aʊ]	Auto	Baum	Auge

Konsonanten

3

b	[b]	Brot	haben	Ebbe
b, p	[p]	gelb	Party	Mappe
d	[d]	Dose	Bilder	addieren
d, t, dt	[t]	Kind	Tag	Stadt
t	[ts]	Lektion	Nation	Station
g	[g]	Garten	Morgen	Roggen
g, k, ck	[k]	Zug	kalt	Jacke
f, v, ph	[f]	Fisch	Vater	Philosophie
w, v	[v]	wollen	Vase	Klavier
ss, ß, s	[s]	essen	Fuß	das
s + Vokal	[z]	Salz	Reise	See
sch	[ʃ]	Schule	waschen	Tisch
tsch	[tʃ]	Deutsch	Dolmetscher	Tschüs
c	[ts]	circa	Celsius	
	[k]	Café	Cola	Computer
h	[h]	Haus	hallo	hell
j	[j]	ja	jung	Juni
l	[l]	Licht	viel	Ball
r	[r]	Rede	braun	Arbeit
	[*r*]	wir	Bier	verstehen
m	[m]	mein	warm	kommen
n	[n]	nein	Wand	Mann
ng	[ŋ]	lang	singen	Übung
nk	[ŋk]	Bank	Frankreich	Onkel
qu	[kv]	Quelle	bequem	Quittung
x	[ks]	Taxi	Lexikon	Examen
z, tz, ts, ds	[ts]	Zeit	Zug	zeigen
		jetzt	Geburtstag	abends

ch	[x] (Ach-Laut)	Na**ch**t	no**ch**	Bu**ch**
	[ç] (Ich-Laut)	ni**ch**t	e**ch**t	Mil**ch**
	[k]	**Ch**or	**Ch**rist	**Ch**arakter
	[ʃ]	**Ch**ef	**Ch**ance	**Ch**anson
chs	[ks]	se**chs**	wa**chs**en	Fu**chs**
-ig	[iç]	sechz**ig**	bill**ig**	wen**ig**
pf	[pf]	**Pf**erd	A**pf**el	Ko**pf**
st, sp	[ʃt], [ʃp]	**St**udent	**St**raße	**Sp**rache
th	[t]	**Th**eater	**Th**ema	Biblio**th**ek

Lektion 1

Guten Tag!

A Begrüßung und Abschied
B Wie heißen Sie?
C Wie geht es Ihnen?
D Grammatik und Wendungen
E Übungen

A Begrüßung und Abschied

1 Hören Sie und sprechen Sie nach.

4

- ● Guten Morgen!
- ■ Guten Morgen!

- ● Guten Tag, Herr Fischer!
- ■ Guten Tag, Frau Bauer!

- ● Guten Abend, Frau Kim!
- ■ Guten Abend, Herr Müller!

- ● Gute Nacht, Thomas!
- ■ Gute Nacht, Sandra!

- ● Auf Wiedersehen, Herr Fischer!
- ■ Auf Wiedersehen, Frau Bauer!

- ● Tschüs, Thomas!
- ■ Tschüs, Sandra!

B Wie heißen Sie?

1 Hören Sie und sprechen Sie nach.

5

- ● Guten Tag! Ich heiße Brigitta Bauer. Und wie heißen Sie?
- ■ Guten Tag! Ich heiße Minho Kim.
- ● Wie bitte? Wie ist Ihr Name?
- ■ Mein Name ist Minho Kim.

- ● Hallo, wie heißt du?
- ■ Ich bin Sandra. Und du? Wie heißt du?
- ● Sumin. Ich heiße Sumin.

Wie heißen Sie? / Wie heißt du?
– Ich heiße ...
Wie ist Ihr Name? / Wie ist dein Name?
– Mein Name ist ...

Ergänzen Sie.

- ● Guten Tag!
- ■ Guten Tag!
- ● Wie heißen Sie?
- ■ Ich heiße __________. Und wie __________ __________?
- ● Mein Name ist __________.

Buchstabieren Sie Ihren Namen.

- ● Mein Name ist Maier, M-A-I-E-R. Und wie heißen Sie?
- ■ Ich heiße __________, ____________________.

C Wie geht es Ihnen?

1 Hören Sie und sprechen Sie nach.

● Guten Tag, *Frau Park*.
■ Guten Tag, *Herr Brunner*. Wie geht es Ihnen?
● Danke, *es geht mir gut*. Und Ihnen?
■ *Auch gut*. Danke.

◆ Hallo, *Peter*.
▲ Hallo, *Anna*.
◆ Wie geht es dir?
▲ Danke, *gut*. Und dir?
◆ *Auch gut*. Danke.

Wie geht es Ihnen/dir?
Es geht mir gut.

Variation: Herr Lee - Frau Schmidt - sehr gut - es geht mir auch gut •
Thomas - Sandra - es geht - sehr gut

Ordnen Sie zu.

Super! • Sehr gut! • Gut. • Es geht. • Nicht so gut.

D Grammatik und Wendungen

1 Verbkonjugation

	heißen
ich	heiß**e**
du	hei**ßt**
Sie	heiß**en**

	sein
ich	**bin**
du	**bist**
mein Name	**ist**

2 W-Fragen und Antworten

Wie heißen Sie? – Ich heiße Andrea Müller.
Wie ist Ihr Name? – Mein Name ist Michael Brunner.
Wie geht es Ihnen? – Danke, gut. Und Ihnen?

3 Wortstellung

Position 1	Position 2	
Wie	heißen	Sie?
Wie	ist	Ihr Name?
Ich	heiße	Maier.
Mein Name	ist	Brunner.

4 Wendungen

Wie geht es Ihnen? – Danke, es geht mir gut. Und Ihnen?
Wie geht es dir? / Wie geht's? – Danke, gut. Und dir?

E Übungen

1 Was sagen die Personen?

a.

b.

c.

d.

2 Ergänzen Sie.

Anna Schmidt: Mein Familienname ist Schmidt.

Mein Vorname ist Anna.

Thomas Schmidt: Mein Familienname ist auch __________.

Aber mein Vorname ist __________.

Und Sie? ______________________. (Familienname)

______________________. (Vorname)

3 Korrigieren Sie. Was schreibt man groß?

G T W I N
guten tag. wie ist ihr name, bitte?

a. mein name ist andrea. und wie heißt du?

b. ich heiße michael.

c. mein name ist minho kim.

d. guten abend, wie geht es ihnen?

e. danke, gut. und ihnen?

4 Frage oder Antwort? Ergänzen Sie: „?“ oder „.“

a. ● Wie heißt du____
■ Ich heiße Klaus____

b. ● Ich heiße Daniel Keller____ Und Sie____
■ Jürgens, Udo Jürgens____

c. ● Ich heiße Doris Beckmann____ Wie ist Ihr Name____
■ Mein Name ist Peter Bildhauer____

d. ● Wie geht es dir____
■ Danke, gut____ Und dir____

5 Ordnen Sie zu.

a. Wie heißen	Leonie.
b. Ich	heiße Thomas.
c. Ich heiße	Thomas Weber.
d. Mein Familienname ist	Lee.
e. Ich bin	Sie?

6 Bilden Sie Sätze.

a. Sandra - Mein Vorname - ist - . ______________________

b. du - heißt - Wie - ? ______________________

c. Ihr Name - ist - Wie - ? ______________________

d. es - Wie - geht - Ihnen - ? ______________________

e. heiße - Ich - Minho - . ______________________

7 Markieren Sie die Betonung = und die Satzmelodie ↗ ↘ .

7

a. ● Wie heißen Sie? ↘
  ■ Ich heiße Ina Zimmermann.
  Und wie heißen Sie?
  ● Ich heiße Andreas Müller.

b. ● Wie ist Ihr Name?
  ■ Mein Name ist Anna Bauer.
  ● Guten Tag, Frau Bauer.

8 Was hören Sie? Kreuzen Sie an.

8

☐ Hallo! ☐ Guten Abend! ☐ Tag! ☐ Auf Wiedersehen!

☐ Gute Nacht! ☐ Tschüs! ☐ Guten Morgen! ☐ Guten Tag!

9 Hören Sie und schreiben Sie die Namen.

9

a. Müller

b. ______________

c. ______________

d. ______________

e. ______________

Lektion 2

Woher kommen Sie?

A Länder und Städte
B Zahlen
C Ein Interview
D Grammatik und Wendungen
E Übungen

A Länder und Städte

1 Welche europäischen Städte und Länder kennen Sie? Ordnen Sie zu.

Land	*Stadt*
Deutschland	Berlin

Polen • London • Bern • Italien • Paris • die Niederlande • Österreich • Warschau • die Schweiz • Rom • Frankreich • England • Spanien • Madrid • Amsterdam • Wien

Hören Sie zu.

10

- Frau Lehmann, woher kommen Sie?
- Ich komme aus Deutschland und ich wohne in Berlin.

- Herr Miller, woher kommen Sie?
- Ich komme aus England. Ich wohne in London.

- Frau Chanel, woher kommen Sie?
- Ich komme aus Frankreich.
- Wohnen Sie in Paris?
- Ja, ich wohne in Paris.

Fragen Sie Ihre Partnerin/Ihren Partner.

- Woher kommen Sie? Wo wohnen Sie?
- …

- Woher kommst du? Wo wohnst du?
- …

2 Ich bin Koreanerin.

- Woher kommen Sie?
- Ich komme aus Korea. Ich bin Koreanerin.
- Kommen Sie aus Seoul?
- Nein, ich komme aus Busan. Aber ich wohne in Seoul.

♀	♂
Koreanerin	*Koreaner*
Japanerin	*Japaner*
Chinesin	*Chinese*
Deutsche	*Deutscher*

B Zahlen

1 Hören Sie und sprechen Sie nach.

11

Hören Sie und ergänzen Sie.

12

11	**elf**	29	neunundzwanzig
12	**zwölf**	30	**dreißig**
13	dreizehn	32	zweiunddreißig
14	________zehn	36	____________
15	____________	39	____________
16	**sech**zehn	40	vierzig
17	**sieb**zehn	50	fünfzig
18	____________	60	**sech**zig
19	____________	70	**sieb**zig
20	zwanzig	80	achtzig
21	**ein**undzwanzig	90	neunzig
26	sechsundzwanzig	100	(ein)hundert
27	siebenundzwanzig	101	(ein)hunderteins

2 Wie ist Ihre Telefonnummer?

- Herr Hoffmann, wie ist Ihre Telefonnummer?
- Meine Telefonnummer ist 34 91 68.
- Wie bitte?
- Meine Telefonnummer ist 3 - 4 - 9 - 1 - 6 - 8.
- Und wie ist Ihre Handynummer?
- 0172 3651004.

Fragen Sie und antworten Sie.

- Wie ist Ihre Telefonnummer/Handynummer?
- …

- Wie ist deine Telefonnummer/Handynummer?
- …

Notiz

C Ein Interview

1 Wer sind Sie?

13

- Wie heißen Sie, bitte?
- Ich heiße Martina Grau.
- Wie ist Ihr Familienname?
- Grau.
- Wie ist Ihr Vorname?
- Martina.
- Wie alt sind Sie?
- Ich bin 21 Jahre alt.
- Was sind Sie von Beruf?
- Ich bin Studentin.
- Woher kommen Sie?
- Ich komme aus Deutschland.
- Wo wohnen Sie?
- In Hamburg.
- Wie ist Ihre Telefonnummer?
- 040 218695.
- Danke.
- Bitte.

Spielen Sie den Dialog per *du*.

Wie heißt du?
Wie ist dein Familienname?
Wie alt bist du?
Was bist du von Beruf?
Woher kommst du?
Wo wohnst du?
Wie ist deine Telefonnummer?

ich heiße
du heißt
er/sie heißt

Fragen Sie im Kurs und ergänzen Sie.

Familienname	Vorname	Land	Wohnort	Alter	Beruf

Stellen Sie Ihre Partnerin / Ihren Partner vor.

Das ist Minho Park. Er kommt aus Korea. Er wohnt in Seoul.
Er ist 19 Jahre alt. Er ist Student.

Mina ♀ *sie*
Minho ♂ *er*

Das ist Mina Lee. Sie kommt aus Busan. Sie wohnt in Seoul.
Sie ist 20 Jahre alt. Sie ist Studentin.

2 Sind Sie Herr Bosch?

- ● Guten Tag, ich heiße Minho Park. Sind Sie Herr Bosch?
- ■ Nein, mein Name ist Lagerfeld.
- ● Kommen Sie aus Deutschland?
- ■ Ja, ich komme aus Deutschland.
- ● Wohnen Sie in Berlin?
- ■ Ja, ich wohne in Berlin.
- ● Herr Lagerfeld, sind Sie Student?
- ■ Nein, ich bin Designer.

	Position 1	Position 2	
Ja/Nein-Frage	–	Sind	Sie Herr Kim?
W-Frage	Wie	heißen	Sie?

D Grammatik und Wendungen

1 Personalpronomen

Sg.	*Pl.*
ich	wir
du	ihr
er/sie/es	sie
Sie	Sie

2 Verbkonjugation

		kommen	wohnen	gehen	heißen	sein
ich	_e	komm**e**	wohn**e**	geh**e**	heiß**e**	**bin**
du	_st	komm**st**	wohn**st**	geh**st**	heiß**t**	**bist**
er/sie/es	_t	komm**t**	wohn**t**	geh**t**	heiß**t**	**ist**
wir	_en	komm**en**	wohn**en**	geh**en**	heiß**en**	**sind**
ihr	_t	komm**t**	wohn**t**	geh**t**	heiß**t**	**seid**
sie (*Pl.*)/Sie	_en	komm**en**	wohn**en**	geh**en**	heiß**en**	**sind**

Ich komme aus Seoul.

Wir kommen aus Korea.

Frau Fischer kommt aus Berlin.

Herr und Frau Fischer kommen aus Deutschland.

Wo wohnen Sie, Herr Fischer?

Wo wohnst du, Moritz?

Wo wohnt ihr?

Ich bin Koreanerin.

Sind Sie Herr Kim?

Bist du Studentin?

3 W-Fragen

Woher kommen Sie? – Ich komme aus Korea.
Was sind Sie von Beruf? – Ich bin Studentin.
Wie alt bist du? – Ich bin 23 (Jahre alt).

4 Ja/Nein-Fragen

Kommen Sie aus Berlin? – Ja, ich komme aus Berlin.
Sind Sie verheiratet? – Nein, ich bin ledig.

5 Wortstellung

	Position 1	Position 2	
W-Frage	Woher Was	kommen sind	Sie? Sie von Beruf?
Ja/Nein-Frage		Sind Kommen	Sie Herr Lagerfeld? Sie aus Berlin?
Antwort	Ich Ich	komme bin	aus Korea. Studentin.

6 Wendungen

Woher kommen Sie? – Ich komme aus Deutschland.
Wo wohnen Sie? – Ich wohne in München.

Wie ist Ihre Telefonnummer? – Meine Telefonnummer ist …
Wie ist deine Handynummer? – Meine Handynummer ist …

E Übungen

1 Ergänzen Sie.

Mirim
Korea
Seoul

Ich ________ Mirim.
Ich ________ aus Korea.
Ich ________ in Seoul.

Markus
Deutschland
München

Er ________ Markus.
Er ________ aus Deutschland.
Er ________ in München.

Midori
Japan
Kyoto

Sie ________ Midori.
Sie ________ aus Japan.
Sie ________ in Kyoto.

2 Antworten Sie.

Heißt du Midori? ______________________________

Kommst du aus Seoul? ______________________________

Wohnst du in München? ______________________________

Bist du Studentin? ______________________________

Wie alt bist du? ______________________________

3 Ergänzen Sie.

Hallo, ich heiße Mirim.

→ Hallo, ich bin Thomas.

_______________?

← Ich komme aus Seoul, Korea.

Und du? _______________?

→ Ich komme aus Österreich, aus Wien.

Wo wohnst du?

← Ich _______________ in Köln.

Wohnst du in Berlin?

→ Nein, ich __________ in München.

4 *Sie* oder *du*? Ergänzen Sie.

heißen • bin • du (2×) • Sie • heißt • heiße • danke • dir • Ihnen • Danke • gut

a. ● Guten Tag. Ich heiße Heidi Klum.
Und Sie? Wie __________ __________?
■ Ich __________ Sebastian Vettel.

b. ● Ah, Herr Kim. Guten Morgen.
■ Guten Morgen, Herr Hoffmann. Wie geht es __________?
● __________, __________. Und Ihnen?
■ Auch gut, danke.

c. ● Hallo, ich __________ Steffi. Und wie __________ __________?
■ David. Und __________?
◆ Ich heiße Martina.

d. ● Hallo, wie geht es __________?
■ Danke, gut. Und dir?
● Sehr gut, __________.

5 Ergänzen Sie die passende Form.

kommen • wohnen • heißen • gehen • sein

a. Wie __________ du? – Mein Name __________ Minsu.
b. Woher __________ Herr Fischer? – Er __________ aus Berlin.
c. Wie __________ es Ihnen? – Gut. Und Ihnen?
d. Wie alt __________ Frau Bosch? – Sie __________ 45 Jahre alt.
e. Wo __________ du? – Ich wohne in Seoul.

6 Hören Sie und schreiben Sie auf. Wie ist die Telefonnummer?

14

Thomas Schwarz
Tel. __________

7 Ordnen Sie die Wörter zu.

Deutschland • neun • heißen • Familie • Meyer • Sie • nein • wie • Euro

[aɪ] heißen
[iː] __________
[iə] __________
[ɔʏ] __________

8 Bingospiel (1–25)

Lektion 3

Wer ist das?

A Was sind Sie von Beruf?

- Was sind Sie von Beruf?
- Ich bin Flugbegleiterin.

- Was bist du von Beruf? / Was machst du beruflich?
- Ich bin Bäcker.

- Was ist der Mann von Beruf?
- Er ist Fußballspieler.

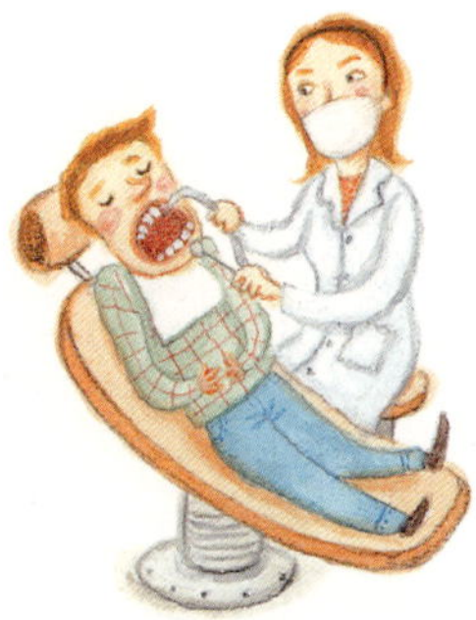

- Was ist die Frau von Beruf?
- Sie ist Zahnärztin.

Variation: Student/Studentin • Journalist/Journalistin • Lehrer/Lehrerin • Musiker/Musikerin • Schüler/Schülerin • Verkäufer/Verkäuferin • Maler/Malerin • Hausmann/Hausfrau • Geschäftsmann/Geschäftsfrau

B Meine Familie

Das bin ich.

Das ist meine Familie.

- Wer ist das?
- Das ist mein Vater.
  Das ist meine Mutter.
  Das sind meine Eltern.

- Wer ist das?
- Das ist meine Schwester.
  Das ist mein Bruder.
  Das sind meine Geschwister.

- Wer ist das?
- Das ist mein Sohn.
  Das ist meine Tochter.
  Das sind meine Kinder.

C Wer ist das?

1 Hören Sie den Dialog.

15

- Wer ist das?
- Das sind meine Geschwister: mein Bruder und meine Schwester.
- Wohnen Ihre Geschwister in Frankfurt?
- Nein, sie wohnen in Berlin. Sie studieren dort.

16

Judith	Manfred, das hier sind Sumin und Minho.
Manfred	Hallo!
Sumin und Minho	Hallo, Manfred!
Manfred	Woher kommt ihr denn?
Sumin	Wir kommen aus Korea, und zwar aus Seoul.
Manfred	Und was macht ihr hier in Bonn?
Minho	Wir studieren hier. Ich studiere Germanistik, und Sumin studiert Kunstgeschichte.

maskulin (*m*)	feminin (*f*)	Plural (*Pl.*)
Vater	Mutter	Eltern
	Schwester	Geschwister
Großvater	Großmutter	
Sohn		Kinder

2 Hören Sie den Dialog. 17

mein Vater
meine Mutter

- Wer ist das?
- Das sind meine Eltern: mein Vater und meine Mutter.
- Wo wohnen deine Eltern?
- Sie wohnen in Frankfurt am Main.
  Aber sie kommen aus Österreich.
- Und was sind deine Eltern von Beruf?
- Meine Mutter ist Ärztin, und mein Vater ist Professor.

Bringen Sie ein Foto von Ihrer Familie mit und erzählen Sie Ihrer Partnerin/Ihrem Partner: Wer ist das? Wie heißt er/sie? Wo wohnt er/sie? Was ist er/sie von Beruf?

Das ist meine Familie. Das ist mein Vater. Er kommt aus Busan. Er wohnt jetzt aber in Seoul. Er ist Arzt. Das ist meine Mutter. Sie …

3 Stammbaum

Großvater + Großmutter = Großeltern • Vater + Mutter = Eltern • Sohn + Tochter = Kinder • Bruder + Schwester = Geschwister • Enkelsohn + Enkeltochter = Enkelkinder • Schwiegervater + Schwiegermutter = Schwiegereltern • Onkel - Tante • Mann - Frau • Schwiegersohn - Schwiegertochter • Neffe - Nichte • Schwager - Schwägerin

Ich bin Anna.
Mein ____________ heißt Joseph. Petra ist meine ____________.
Michael ist mein ____________.

Ich bin Markus.
Meine ____________ heißt Petra. Ich habe zwei ____________,
Florian und Michael.

Ich bin Michael.
Mein ____________ heißt Markus. Er hat zwei ____________.
Sein ____________ heißt Thomas. Er ist also mein ____________.
Und meine ____________ heißt Monika.

D Grammatik und Wendungen

1 Definiter Artikel

	m	*f*	*n*	*Pl.*
Nominativ	**der** Mann	**die** Frau	**das** Kind	**die** Kinder

2 Indefiniter Artikel

	m	*f*	*n*	*Pl.*
Nominativ	**ein** Mann	**eine** Frau	**ein** Kind	– Kinder

Hier wohnt ein Mann. Der Mann kommt aus Berlin.
Hier wohnt eine Frau. Die Frau kommt aus Hamburg.
Da spielt ein Kind. Das Kind kommt aus München.
Da spielen zwei Kinder. Die Kinder kommen aus Deutschland.

3 Verbkonjugation

	machen	arbeiten	antworten	haben
ich	mach**e**	arbeit**e**	antwort**e**	hab**e**
du	mach**st**	arbeit**est**	antwort**est**	**hast**
er/sie/es	mach**t**	arbeit**et**	antwort**et**	**hat**
wir	mach**en**	arbeit**en**	antwort**en**	hab**en**
ihr	mach**t**	arbeit**et**	antwort**et**	hab**t**
sie/Sie	mach**en**	arbeit**en**	antwort**en**	hab**en**

4 Possessivartikel

ich	du	er	sie	es	wir	ihr	sie (*Pl.*)	Sie
mein	dein	sein	ihr	sein	unser	euer	ihr	Ihr

Sg.			*Pl.*
m	*f*	*n*	
mein Vater	mein**e** Mutter	mein Kind	mein**e** Eltern
dein Vater	dein**e** Mutter	dein Kind	dein**e** Eltern
sein Vater	sein**e** Mutter	sein Kind	sein**e** Eltern
ihr Vater	ihr**e** Mutter	ihr Kind	ihr**e** Eltern
unser Vater	unser**e** Mutter	unser Kind	unser**e** Eltern
euer Vater	eur**e** Mutter	euer Kind	eur**e** Eltern
ihr Vater	ihr**e** Mutter	ihr Kind	ihr**e** Eltern
Ihr Vater	Ihr**e** Mutter	Ihr Kind	Ihr**e** Eltern

5 Wendungen

Was sind Sie von Beruf?

Was machen Sie beruflich?

Ich bin Studentin.

Ich arbeite bei Siemens.

Wer ist das?

Das ist mein Freund Markus.

Das sind meine Eltern.

Das bin ich.

Ich habe zwei Kinder.

Er hat drei Geschwister.

E Übungen

1 Wer ist wer? Ergänzen Sie.

Familie Schmidt

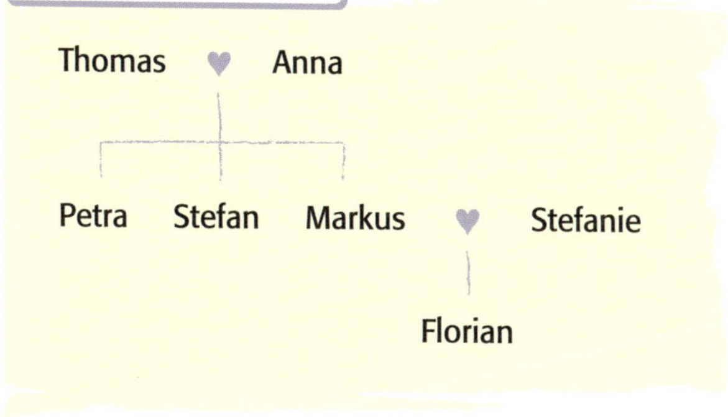

a. Ich bin Florian.

Mein Vater heißt Markus.

_____ _____ heißt Stefan.

_____ _____ heißt Thomas. _____ _____ ist Anna.

_____ _____ heißt Petra.

b. Ich bin Thomas.

Petra, Markus und Stefan sind _____ _____.

Florian ist _____ _____.

Stefanie ist meine _____.

c. Das ist Petras Familie.

Das sind _____ Vater, _____ Mutter und _____ Brüder.

Florian ist _____ Neffe. Er ist 7 Jahre alt.

d. Ich bin Stefanie.

Mein _____ heißt Markus.

Stefan ist _____ Bruder. Petra ist _____ Schwester.

Sie ist meine _____.

2 Wer macht was?

Lehrer/Lehrerin • Ingenieur/Ingenieurin • Angestellter/Angestellte • Schauspieler/Schauspielerin • Bankkaufmann/Bankkauffrau

- ● Herr Schmidt, was sind Sie von Beruf?
- ■ Ich bin ______________. Ich arbeite bei Siemens.
  Das ist mein Sohn Markus, er ist ______________.
- ● Ja? Ich bin auch Lehrer.
  Wo arbeitet Markus?
- ■ Er arbeitet am Goethe-Gymnasium.
  Meine Tochter Petra ist ______________,
  und meine Schwiegertochter Stefanie ist ______________.

3 Ergänzen Sie.

er (2×) • sie (4×)

- ● Das ist Markus. ________ ist Lehrer.
- ■ Ist das seine Frau?
- ● Ja, ________ heißt Stefanie.
- ■ Und wer ist das?
- ● Das ist meine Tochter. ________ arbeitet am Stadttheater.
- ■ Super! Was macht ________ denn?
- ● ________ ist Schauspielerin.
- ■ Schön! Und Ihr Sohn Stefan?
- ● ________ studiert noch.

4 Ergänzen Sie die passende Form.

machen • studieren • arbeiten • sein • haben

a. ● Was ________ Sie von Beruf?
   ■ Ich ________ Studentin.
   Ich ________ Kunstgeschichte.
   Und was ________ Sie?
   ● Ich ________ bei Siemens.
   Mein Bruder ________ auch bei Siemens.
   Er ________ Ingenieur.

b. ■ ________ Sie Kinder?
   ● Ja, ich ________ zwei Kinder.

c. ■ Wo ________ du?
   ● Ich arbeite bei Bosch.

d. ■ ________ du jetzt Zeit?
   ● Ja, ich habe Zeit.

5 Ergänzen Sie.

bin • seine • meine (3×) • sind (2×) • ist (2×) • mein (2×) • ihr • dein

a. Das ________ ich und das ________ ________ Eltern.

b. Ist das ________ Bruder? – Ja, er ist mein Bruder. Er heißt Bruno.

c. Das ________ meine Tochter, und das ________ ________ Sohn.

d. Peter wohnt in Bonn. Aber ________ Freundin wohnt in Hamburg.

e. Das ________ ________ Großeltern: ________ Opa und ________ Oma.

f. Woher kommt Petras Onkel? – ________ Onkel kommt aus Paris.

6 Ergänzen Sie.

a. Was macht ihr hier in Frankfurt?
   – Wir studieren Chemie.

b. Maria, was mach___ ______ hier in Berlin?
   – ______ studier___ Musik.

c. Was mach___ ______ beruflich, Herr Bergmann?
   – ______ ______ Sänger.

d. Was mach___ Herr und Frau Müller hier?
   – ______ ______ Touristen.

e. Was mach___ Anita hier in Korea?
   – ______ ______ Deutschlehrerin.

Lektion 4

Meine Wohnung

A Wie ist deine Wohnung?
B Gegenstände im Haus
C Grammatik und Wendungen
D Übungen

A Wie ist deine Wohnung?

1 Wo ist was? Bitte schreiben Sie.

das Schlafzimmer • das Arbeitszimmer • das Wohnzimmer •
das Bad • die Küche • die Toilette • der Flur • der Balkon

Zeichnen Sie Ihre Wohnung und stellen Sie sie vor.

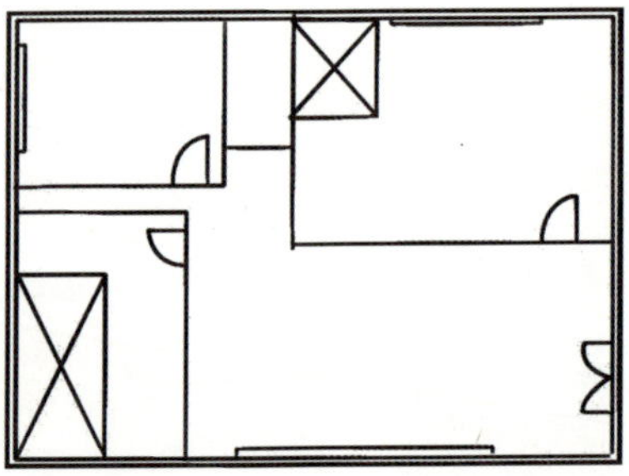

Das ist meine Wohnung. Das ist die Küche.
Das ist das Bad. …

- Ist hier die Küche?
- Ja, die Küche ist hier.
- Ist hier das Schlafzimmer?
- Nein, hier ist das Arbeitszimmer.
  Das Schlafzimmer ist dort.

2 Wie ist das Auto?

hell/dunkel • alt/neu • klein/groß • sauber/schmutzig • alt/jung

Der Mann ist ____________.

Der Mann ist ____________.

Das Wohnzimmer ist ____________.

Das Wohnzimmer ist ____________.

Das Auto ist ____________.

Das Auto ist ____________.

Das Haus ist ____________.

Das Haus ist ____________.

Die Küche ist ____________.

Die Küche ist ____________.

18

- Wie ist *das Wohnzimmer*? Ist es *hell*?
- Nein, es ist nicht *hell*. Es ist *dunkel*.

- Wie ist *der Balkon*? Ist er *groß*?
- Nein, er ist nicht *groß*. Er ist *klein*.

- Wie ist *die Küche*? Ist sie *modern*?
- Nein, sie ist nicht *modern*. Sie ist *altmodisch*.

der Balkon → er
das Bad → es
die Wohnung → sie

Variation: das Schlafzimmer - ruhig/laut • der Flur - schmal/breit • das Bad - klein/groß • die Toilette - sauber/schmutzig • das Arbeitszimmer - dunkel/hell

B Gegenstände im Haus

1 Was ist das?

Ordnen Sie zu.

der MP3-Player • die Uhr • die Brille • die Vase • die Lampe • die Tasche • das Regal • das Bett • das Telefon • das Handy • das Sofa • der Stuhl • der Teppich • der Schreibtisch • der Schrank

Fragen Sie und antworten Sie.

Was ist das? – Das ist ein Stuhl.
Was ist das? – Das ist eine Lampe.

Ist das ein Regal? – Ja, das ist ein Regal.
Ist das eine Brille? – Ja, das ist eine Brille.

der Stuhl	*ein Stuhl*
die Lampe	*eine Lampe*
das Regal	*ein Regal*

2 Das ist kein Stuhl.

- Ist das *ein Stuhl*?
- Nein, das ist *kein Stuhl*. Das ist *ein Schreibtisch*.

- Ist das *eine Uhr*?
- Nein, das ist *keine Uhr*. Das ist *ein Radio*.

- Ist das *ein Bett*?
- Nein, das ist *kein Bett*. Das ist *ein Sofa*.

Variation: Computer - MP3-Player • Lampe - Vase • Regal - Schrank

ein Stuhl	*kein Stuhl*
eine Lampe	*keine Lampe*
ein Sofa	*kein Sofa*

3 Was hast du zu Hause?

- Was hast du zu Hause?
- Ich habe ***einen*** *Computer*, ***ein*** *Regal* und ***eine*** *Lampe*.
  Aber ich brauche noch ***einen*** *Tisch*.

Variation: Bett - Lampe - Schreibtisch - Stuhl • Sofa - Uhr - Schrank - Regal

	m	*f*	*n*
Nominativ	*ein Tisch*	*eine Uhr*	*ein Auto*
Akkusativ	*einen Tisch*	*eine Uhr*	*ein Auto*

C Grammatik und Wendungen

1 W-Fragen: was

Nominativ	**Was** ist das?
	Was sind Sie von Beruf?
Akkusativ	**Was** hast du zu Hause?
	Was brauchen Sie noch?

2 Unbestimmter Artikel

	m	*f*	*n*
Nominativ	ein Tisch	eine Uhr	ein Auto
Akkusativ	**einen** Tisch	eine Uhr	ein Auto

Was ist das? – Das ist ein Tisch.
Das ist eine Uhr.
Das ist ein Auto.

Was brauchen Sie? – Ich brauche **einen** Tisch.
Ich brauche eine Uhr.
Ich brauche ein Auto.

3 Personalpronomen

Wo ist der Balkon? – **Er** ist dort.
Wo ist die Küche? – **Sie** ist hier.
Wo ist das Bad? – **Es** ist dort.

4 Negation: kein/keine/nicht

	m	*f*	*n*	*Pl.*
Nominativ	**kein** Stuhl	**keine** Vase	**kein** Telefon	**keine** Stühle

Der Stuhl ist **nicht** schön.

Maria ist **nicht** verheiratet.

Thomas kommt **nicht** aus Deutschland.

Peter arbeitet **nicht**. Er studiert.

Das ist **kein** Stuhl. Das ist ein Sofa.

Das ist **kein** Telefon. Das ist ein Computer.

Das ist **keine** Vase. Das ist eine Lampe.

Das sind **keine** Stühle. Das sind Sofas.

5 Wendungen

Das Sofa ist bequem/schön/modern/unpraktisch/hässlich.

Ist hier das Schlafzimmer?	–	Ja, hier ist das Schlafzimmer.
		Nein, es ist dort.
Ist das schön?	–	Ja, das ist schön.
		Nein, das ist nicht schön.
Ist das eine Uhr?	–	Ja, das ist eine Uhr.
		Nein, das ist keine Uhr.

D Übungen

1 Wie heißt das Gegenteil? Ordnen Sie zu.

altmodisch	alt
praktisch	bequem
neu	modern
billig	unpraktisch
unbequem	schön
hässlich	teuer
klein	groß

2 Sortieren Sie die Wörter.

Gartenstuhl • Kleiderschrank • Armbanduhr • Handtasche • Bücherregal • Tischlampe • Kinderbett • Schreibtisch • Sonnenbrille • Ledersofa

m	f	n
der Gartenstuhl		

3 Ergänzen Sie.

einen (4×) • eine (2×) • ein (4×)

- Was hast du zu Hause?
- Ich habe ______ Tisch, ______ Uhr, ______ Radio, ______ Teppich, ______ Schrank, ______ Regal, ______ Computer und ______ Telefon. Aber ich brauche noch ______ Sofa und ______ Lampe.

4 Ergänzen Sie.

der • das (2×) • die (2×) • ein (8×) • eine (3×) • einen

Endlich habe ich ________ Wohnung.
________ Wohnung hat ________ Wohnzimmer, ________ Schlafzimmer,
________ Küche, ________ Bad und ________ Balkon.
________ Wohnzimmer ist hell, aber sehr klein.
________ Schlafzimmer ist ganz ruhig. ________ Küche ist klein, aber praktisch.
In der Wohnung sind ________ Esstisch, ________ Stuhl, ________ Sofa,
________ Fernseher und ________ Bett.
________ Fernseher ist nicht groß. Ich brauche noch ________ Stereoanlage.

5 Ergänzen Sie.

kein (3×) • keine • nicht (4×)

a. Thomas studiert ________. Er arbeitet.
b. Das ist ________ Schrank. Das ist ein Regal.
c. Das ist ________ Uhr. Das ist ein Armband.
d. Das Wohnzimmer ist ________ groß, aber sehr schön.
e. Das ist ________ Sofa. Das ist ein Sessel.
f. Das ist ein Faxgerät. Das ist ________ Telefon.
g. Die Übung ist ________ schwer. Sie ist einfach.
h. Die Wohnung ist ________ neu, aber sehr gemütlich.

6 Lang(_) oder kurz(.)? Hören Sie, sprechen Sie nach und markieren Sie. 19

Hallo	Tag	Tasche	Schrank	Vase	Balkon
Herr	Telefon	Bett	Lehrer	Peter	
Computer	Foto	Topf	dort	noch	wohnen
Zimmer	Brille	billig	Ihnen	ich	
Uhr	Stuhl	Butter	gut	Flur	

Lektion 5

Essen und Trinken

- A Was isst du gern?
- B Bestellen und Bezahlen
- C Grammatik und Wendungen
- D Übungen

A Was isst du gern?

1 Mein Lieblingsessen

- Was isst du gern?
- Ich esse gern *Pizza*.

- Was isst du gern?
- Mein Lieblingsessen ist *Hähnchen*.
- Ich esse gern *Schweinebraten*.

Variation: Schnitzel • Auflauf • Bratwurst

2 Was trinkst du gern?

- Was trinkst du gern? Magst du *Bier*?
- Nein, ich mag *kein Bier*. Ich trinke gern *Wein*.

Variation: Tee (*m*) - Kaffee (*m*) • Cola (*f*) - Saft (*m*) • Milch (*f*) - Mineralwasser (*n*)

Was isst/trinkt Ihre Partnerin oder Ihr Partner gern?
Sprechen Sie mit Ihrer Partnerin/Ihrem Partner. Und berichten Sie.

Mein Partner/Meine Partnerin isst gern …
Er/Sie isst nicht so gern …
Er/Sie trinkt gern …
Er/Sie trinkt nicht so gern …
Er/Sie mag …
Er/Sie mag keinen/keine/kein …

B Bestellen und Bezahlen

1 Was nehmen Sie?

- Bitte schön? Was nehmen Sie?
- Ich **möchte** *eine Gemüsesuppe*.

- Guten Tag! Sie wünschen?
- Ich **hätte gern** *einen Salat*.

- Bitte, was darf es denn sein?
- Ich **nehme** *ein Käsebrot*.

Das ist ein Braten.
Ich nehme einen Braten.

Variation: Schinkenbrot (*n*) • Pizza (*f*) • Gemüseauflauf (*m*) • Schweinebraten (*m*) • Schnitzel (*n*)

	m	*f*	*n*	*Pl.*
Nominativ	*ein Salat*	*eine Pizza*	*ein Käsebrot*	*Spaghetti*
Akkusativ	*einen Salat*	*eine Pizza*	*ein Käsebrot*	*Spaghetti*

2 Wir haben keinen Käsekuchen.

20

Was möchten Sie?
Was hätten Sie gern?
Was darf es denn sein?

Guten Appetit!
Prost!

Monika	Was isst du, Paul?
Paul	Hm, ich weiß noch nicht. Vielleicht nehme ich einen Kuchen. Und du?
Monika	Ich nehme eine Pizza. Ich habe Hunger.
Kellner	Guten Tag! Was möchten Sie?
Paul	Haben Sie Käsekuchen?
Kellner	Tut mir leid, wir haben heute keinen Käsekuchen. Möchten Sie vielleicht einen Apfelkuchen?
Paul	Dann nehme ich einen Kaffee und ein Stück Apfelkuchen.
Kellner	Und Sie? Was nehmen Sie?
Monika	Ich nehme eine Pizza und ein Bier, bitte.
Kellner	Ein Apfelkuchen, ein Kaffee, eine Pizza und ein Bier. Danke schön.
	(später)
Monika	Na, wie schmeckt's?
Paul	Das schmeckt super.
Monika	Meine Pizza ist auch lecker.

Hier ist kein Kuchen.
Wir haben keinen Kuchen.

	m	f	n	Pl.
Nominativ	kein Salat	keine Pizza	kein Käsebrot	keine Spaghetti
Akkusativ	keinen Salat	keine Pizza	kein Käsebrot	keine Spaghetti

3 Was bezahlen Sie?

- Was bezahlen Sie?
- Ich bezahle den/die/das ...

Variation: Salat (*m*) • Käsebrot (*n*) • Bratwurst (*f*) • Pizza (*f*) • Schweinebraten (*m*) • Mineralwasser (*n*) • Apfelsaft (*m*) • Kaffee (*m*) • Tee (*m*) • Milch (*f*) • Rotwein (*m*)

	m	*f*	*n*
Nominativ	*der Kuchen*	*die Pizza*	*das Käsebrot*
Akkusativ	*den Kuchen*	*die Pizza*	*das Käsebrot*

Speisekarte

♦ *Café Brazil* ♦

Getränke - alkoholfrei

Mineralwasser	0,2 l	1,90 €
Cola/Limonade	0,3 l	1,90 €
Saft (Orange, Apfel)	0,2 l	3,00 €
Kaffee (Tasse)		1,70 €
Tee (Tasse)		1,70 €
Milchkaffee		2,50 €

Bier und Wein

Paulaner	0,33 l	2,50 €
Beck's	0,33 l	2,50 €
Warsteiner	0,33 l	2,50 €
Sekt	0,2 l	2,50 €
Wein (Haus)	Flasche	18,00 €

Kleine Speisen

Käsebrot	2,80 €
Schinkenbrot	2,80 €
Wurstsalat	5,50 €
Grüner Salat	4,80 €
Bratwurst	3,80 €

Warme Gerichte

Pizza	6,40 €
Spaghetti	6,60 €
Schnitzel	8,80 €
Schweinebraten	11,50 €
Fisch (Forelle)	12,40 €

Nachspeisen

Käsekuchen	1 St.	2,70 €
Obstkuchen	1 St.	2,70 €
Torte	1 St.	3,20 €
Eis	1 Kugel	1,50 €

4 Nach dem Essen

21

- ● Wir möchten zahlen!
- ■ Ja, ich komme sofort.
  Bitte schön. Zusammen oder getrennt?
- ● Getrennt bitte.
- ■ Und was bezahlen Sie?
- ● Den Apfelkuchen und den Kaffee.
- ■ Das macht 4,40 Euro.
- ● 5 Euro, stimmt so!
- ■ Vielen Dank!
- ▲ Und ich bezahle die Pizza und
  das Mineralwasser.
- ■ Eine Pizza und ein Mineralwasser,
  das macht 8,20 Euro.
- ▲ Hier, bitte. Stimmt so.
- ■ Danke schön! Auf Wiedersehen.

Sehen Sie die Speisekarte an und spielen Sie zu dritt ein Rollenspiel.
Bestellen Sie das Essen und zahlen Sie.

5 Im Restaurant

22

Hören Sie und kreuzen Sie an.

a. Was trinkt der Gast?

☐ Kaffee ☐ Mineralwasser ☐ Sekt

b. Was isst der Gast?

☐ Spaghetti ☐ Pizza ☐ Schweinebraten

c. Nimmt der Gast eine Nachspeise?

☐ Ja ☐ Nein

C Grammatik und Wendungen

1 Bestimmter Artikel: Akkusativ

	m	*f*	*n*	*Pl.*
Nominativ	der Kuchen	die Suppe	das Brot	die Spaghetti
Akkusativ	**den** Kuchen	die Suppe	das Brot	die Spaghetti

Ich bezahle **den** Kuchen.

2 Negationsartikel: Akkusativ

	m	*f*	*n*	*Pl.*
Nominativ	kein Kuchen	keine Suppe	kein Brot	keine Spaghetti
Akkusativ	**keinen** Kuchen	keine Suppe	kein Brot	keine Spaghetti

Ich nehme **keinen** Kuchen.

3 Verbkonjugation

	essen	nehmen	wissen	mögen	"möchte"	"hätte"
ich	esse	nehme	weiß	**mag**	**möchte**	**hätte**
du	isst	nimmst	weißt	magst	möchtest	hättest
er/sie/es	isst	nimmt	weiß	**mag**	**möchte**	**hätte**
wir	essen	nehmen	wissen	mögen	möchten	hätten
ihr	esst	nehmt	wisst	mögt	möchtet	hättet
sie/Sie	essen	nehmen	wissen	mögen	möchten	hätten

Was **isst** deine Freundin gern? – Sie **isst** gern Currywurst mit Pommes.
Was **nimmst** du, Anna? – Ich **weiß** noch nicht.
Potsdam ist eine Stadt in Deutschland. – Das **weiß** ich auch!
Magst du Eiskaffee? – Ja, ich trinke sehr gern Eiskaffee.
Mögen Sie Brahms? – Ja, ich liebe Brahms.

Nimmst du Käsekuchen?	–	Nein, ich **möchte** ein Stück Schokoladenkuchen.
Was **hätten** Sie gern?	–	Ich **hätte gern** einen **Milchkaffee**, und meine Tochter **hätte gern** eine Cola.

4 Wendungen

Was möchtest/nimmst du?

Was hättest du gern?

Was isst du gern?

Was trinkst du gern?

Was darf es sein?

– Ich möchte einen/eine/ein ...

– Ich nehme einen/eine/ein ...

– Ich trinke einen/eine/ein ...

Was bezahlen Sie? – Ich bezahle den/die/das ...

Zusammen oder getrennt?

Stimmt so.

Ich weiß (nicht).

Wie schmeckt es? / Wie schmeckt's? – Das ist lecker.

Notiz

D Übungen

1 Was passt gut zusammen? Bestellen Sie das Essen.

Ich hätte gern Kaffee und Kuchen.

Kaffee	Brötchen
Wurst	Salat
Hähnchen	Pommes frites
Schweinebraten	Kuchen

2 Bilden Sie das Wort.

der Apfel + **der** Kuchen = **der** Apfelkuchen

a. das Gemüse + die Suppe =

b. die Milch + der Kaffee =

c. die Kartoffel + der Salat =

d. die Orange(+ n) + der Saft =

e. die Tomate(+ n) + der Saft =

3 Ergänzen Sie.

ein • eine • einen • das • die

(Im Restaurant)

a. Ich nehme ________ Stück Käsekuchen und ________ Kaffee.

b. Nimmst du noch Pizza? – Ja, vielleicht ________ Stück noch.

c. Was bezahlen Sie? – Ich bezahle ________ Suppe.

d. Möchten Sie auch ________ Nachtisch? – Ja, ich nehme ________ Vanilleeis.

e. Ich trinke noch ________ Bier. Dann gehen wir.

f. Heute bezahle ich ________ Essen.

4 Ergänzen Sie.

kein • keine • keinen • nicht

a. Hast du noch Brot? – Nein, ich habe __________ Brot mehr.
b. Trinkst du Wein? – Nein, ich trinke __________ Wein. Ich trinke Bier.
c. Ich habe __________ Auto. Aber ich habe ein Fahrrad.
d. Ich esse __________ gern Fleisch. Aber ich esse gern Fisch.
e. Wir haben __________ Käsekuchen. Aber wir haben Obstkuchen.
f. Das ist __________ Restaurant. Das ist ein Café.
g. Nimmst du noch Fleisch? – Nein, danke. Ich nehme __________ Fleisch mehr.
h. Wie schmeckt das Essen? – Es schmeckt __________ so gut.
i. Was nimmst du, Sonja? – Hm, ich weiß noch __________.

5 Ergänzen Sie.

essen • möchten • trinken • nehmen • bezahlen

a. Was __________ Sie? – Ich __________ ein Bier und eine Pizza, bitte.
b. Ich __________ gern Wein, aber mein Mann __________ gern Bier.
c. Die Kinder __________ nicht gern Gemüse.
d. Wir möchten zahlen! Ich __________ den Kuchen und den Kaffee.
e. __________ du gern Fleisch? – Nein, nicht so gern.
f. __________ du Spaghetti? Dann __________ ich eine Pizza.

6 Hören Sie und ergänzen Sie die Vokale.

23

a • e • i • o • u • ü • ei • ö • ee • eu • ä

a. Was d___rf es denn s___n? – Einen ___pfels___ft, bitte.
b. M___chtest du T___? – Ja, g___rn.
c. Was bez___hlen Sie? – Ich bez___hle den K___ffee.
d. Meine Fam___lie ___sst gern P___zza.
e. Die ___bung ist nicht schwer.

Lektion 6

Was kostet das?

A Auf dem Markt
B Im Lebensmittelladen
C Grammatik und Wendungen
D Übungen

A Auf dem Markt

1 Ich hätte gern Kartoffeln.

24

- ● Guten Tag! Bitte schön!
- ■ Guten Tag! Haben Sie *Orangen*?
- ● Ja. Und wie viel brauchen Sie?
- ■ *Ein Kilo*, bitte!

- ● Guten Tag, Sie wünschen?
- ■ Ich hätte gern *Kartoffeln*!
- ● Ja. Und wie viel?
- ■ *Ein Pfund*, bitte!

1 Pfund = 500 Gramm

Ich hätte gern ...
Ich möchte ...

Variation: Äpfel - 1 Pfund • Bananen - 1 Kilo • Käse - 100 Gramm •
Brot - 1 Pfund • Schweinefleisch - 2 Kilo

2 Kilo-Gramm-Pfund

ein Apfel  ein Kilo **Ä**pfel

eine Banane  zwei Kilo Banane**n**

eine Orange  ein Kilo Orange**n**

eine Kartoffel  zwei Pfund Kartoffel**n**

eine Tomate  dreihundert Gramm Tomate**n**

- ● Guten Tag, bitte schön!
- ■ Ich möchte/hätte gern ein Kilo Äpfel.

B Im Lebensmittelladen

1 Sehen Sie das Bild an und lesen Sie den Preis.

3,20 € drei Euro zwanzig　　0,50 € fünfzig Cent

2 Was kostet das?

25

- Was kostet das?
- Das kostet 2,99 Euro.

Was kostet das?
Wie viel kostet das?

- Wie viel kostet *ein Pfund Rindfleisch*?
- *Ein Pfund Rindfleisch* kostet 8,99 Euro.

- Wie viel kosten *zwei Kilo Äpfel*?
- *Ein Kilo Äpfel* kostet 2 Euro.
  Zwei Kilo Äpfel kosten 4 Euro.

- Was kostet ein Kilo Kartoffeln?
- Diese Kartoffeln hier kosten 1,99 Euro und die Kartoffeln dort 2,50 Euro.

Variation: eine Flasche Saft • ein Becher Joghurt • eine Dose Bier •
eine Packung Tee • ein Pfund Kaffee

3 Rainer isst gern Kartoffeln. Er macht heute Kartoffelauflauf.

Lesen Sie das Kochrezept.

- Was braucht Rainer? Und wie viel?
- Er braucht sechshundert Gramm Kartoffeln, hundert Gramm Schinken, ...

Rainer ist im Tante-Emma-Laden.

26

Verkäuferin	Guten Tag! Sie wünschen?
Rainer	Ich hätte gern 600 g Kartoffeln.
Verkäuferin	Sonst noch etwas?
Rainer	Ja. 100 g Schinken und 120 g Gouda, bitte.
Verkäuferin	Sonst noch etwas?
Rainer	Danke, das ist alles.

Kochen Sie gern? Schreiben Sie einen Einkaufszettel und spielen Sie einen Dialog mit Ihrer Partnerin/Ihrem Partner.

4 Im Lebensmittelladen. Hören Sie zu und kreuzen Sie an.

27

a. Was kauft die Kundin?

- ☐ Schinken ☐ Fleisch ☐ Käse
- ☐ Brot ☐ Milch ☐ Tomaten

b. 1 kg Brot kostet

- ☐ 4,20 € ☐ 3,29 €
- ☐ 3,80 € ☐ 38 €

c. Wie viel macht das zusammen?

- ☐ 5,18 € ☐ 4,18 €
- ☐ 4,80 € ☐ 5,80 €

C Grammatik und Wendungen

1 Zahlen: 101–2 Millionen

101	(ein)hunderteins	1000	(ein)tausend
102	hundertzwei	1001	tausendeins
103	hundertdrei	2000	zweitausend
110	hundertzehn	10 000	zehntausend
121	hunderteinundzwanzig	1 000 000	**eine** Million
200	zweihundert	2 000 000	zwei Million**en**
300	dreihundert		

2 Nomen: Plural

Sg.	*Pl.*	*Endung*
ein Brötchen	Brötchen	–
ein Apfel	Äpfel	¨
ein Ei	Eier	**–er**
ein Pfirsich	Pfirsiche	**–e**
eine Orange	Orangen	**–n**
ein Auto	Autos	**–s**

3 Demonstrativartikel

	m	*f*	*n*	*Pl.*
Nominativ	dieser Mann	diese Frau	dieses Kind	diese Leute

Wer ist dieser Mann? – Das ist mein Nachbar.

Was kosten die Eier? – Diese Eier hier kosten 1,49 € und die dort kosten 2,49 €.

4 Preis-, Maß- und Mengenangaben

20,00 € = zwanzig Euro	0,50 € = fünfzig Cent
1 kg = ein Kilo	100 g = (ein)hundert Gramm
ein Pfund = 500 g	1ℓ = ein Liter

eine Flasche Wein	–	zwei Flasche**n** Wein
eine Dose Cola	–	zwei Dose**n** Cola
ein Becher Joghurt	–	zwei Becher Joghurt
ein Stück Kuchen	–	zwei Stück Kuchen

Was kost**et** ein Kilo Äpfel?
Was kost**en** zwei Kilo Äpfel?

5 Wendungen

Was kostet das? Wie viel kostet das?	–	Das kostet 2,30 €.
Wie viel macht das (zusammen)?	–	Das macht 9,90 €.
Bitte schön! / Sie wünschen? / Was hätten Sie gern? / Was möchten Sie?	–	Ich möchte drei Brötchen. Ich hätte gern drei Brötchen. Drei Brötchen, bitte.
Sonst noch etwas? / Haben Sie noch einen Wunsch?	–	Nein, danke. Das ist alles.

D Übungen

1 Ergänzen Sie.

ein	Apfel	zwei ______
eine	______	1 Kilo Bananen
eine	Orange	1 Pfund ______
eine	Kartoffel	2 Kilo ______
ein	Ei	zehn ______
eine	Tomate	2 Pfund ______
eine	Zwiebel	500 Gramm ______

2 Hören Sie und kreuzen Sie an.

28

Was kostet das?

a.	☐ Joghurt: 0,18 €	☐ Joghurt: 0,80 €	☐ Joghurt: 0,28 €
b.	☐ Bier: 0,99 €	☐ Bier: 1,99 €	☐ Bier: 1,19 €
c.	☐ Schinken: 1,50 €	☐ Schinken: 1,15 €	☐ Schinken: 0,50 €

3 Lesen Sie.

4,20 € vier Euro zwanzig

1,17 €	______	1,10 €	______
0,55 €	______	12,21 €	______
199,00 €	______	88,50 €	______
39,49 €	______	1025,00 €	______

4 Fragen Sie und antworten Sie.

a. (2 kg) 4,99 €
Was kosten 2 kg Äpfel? – 2 kg Äpfel kosten ______________

b. (1) 0,35 €
______________? – ______________

c. (10) 2,49 €
______________? – ______________

d. (1 kg) 7,99 €
______________? – ______________

e. (1 Becher) 0,25 €
______________? – ______________

f. (1 Packung) 0,89 €
______________? – ______________

g. (1 Flasche) 3,99 €
______________? – ______________

h. (2 Dosen) 2,10 €
______________? – ______________

5 Schreiben Sie einen Einkaufszettel und spielen Sie den Dialog mit Ihrer Partnerin / Ihrem Partner.

Beispiel: 1 Pfund Kaffee, 1 Packung Zucker

- ● Bitte schön! Kann ich Ihnen helfen?
- ■ Haben Sie __________?
- ● Ja, natürlich. Und wie viel möchten Sie?
- ■ __________, bitte!
- ● Und brauchen Sie noch etwas?
- ■ __________, bitte!
- ● Sonst noch etwas?
- ■ Danke, das ist alles! __________________________?
- ● Das macht 5,10 Euro.
- ■ Ich habe leider nur einen 50-Euro-Schein.
- ● Das macht nichts. Hier __________ zurück.
- ■ Danke. ____________________!
- ● Auf Wiedersehen!

6 Ergänzen Sie.

hätten • möchten • kosten • brauchen

a. ● Was darf es denn sein?
   ■ Ich __________ gern 1 Pfund Kaffee.

b. ● Was __________ ein Liter Milch?
   ■ 99 Cent.

c. ● Wie viel __________ die Äpfel?
   ■ Ein Kilo __________ 1,99 Euro.

d. ● Was __________ Sie?
   ■ Ich __________ vier Flaschen Mineralwasser.

e. ● Ich gehe heute einkaufen. Meine Mutter __________ 1 kg Kartoffeln.
   ■ Ja? Was kocht sie denn?

Lektion 7

Im Kaufhaus

A Wo finde ich was?
B Ich finde das schön.
C Ich suche ein Geschenk für meinen Freund.
D Grammatik und Wendungen
E Übungen

A Wo finde ich was?

KaDeWe in Berlin (Kaufhaus des Westens)

Wo?
im fünften Stock
im vierten Stock
im dritten Stock
im zweiten Stock
im ersten Stock
im Erdgeschoss
im Untergeschoss

1 Wo gibt es was?

- Wo gibt es Hosen?
- Die finden Sie im 1. Stock.

- Wo gibt es Fernseher?
- Die finden Sie im 3. Stock.

Wo gibt es ...?
Wo finde ich ...?

- Wo ________ ________ *Handys*?
- ________ finden Sie im ________ ________ .

Variation: Stühle • Turnschuhe • CDs • Bücher • Tassen

- Wo finde ich Regale?
- Die finden Sie im 4. Stock.

2 Kann ich Ihnen helfen?

- Guten Tag! Kann ich Ihnen helfen?
- Ja, bitte. Ich suche *einen Teppich*.
  Wo finde ich *Teppiche*?
- Die finden Sie *im 4. Stock*!
- Danke schön!
- Keine Ursache!

helfen + dir/Ihnen

Variation: einen Topf - Töpfe - im Untergeschoss •
ein Telefon - Telefone - im 3. Stock •
eine Mütze - Mützen - im 1. Stock •
ein Sofa - Sofas - im 4. Stock •
einen Jogginganzug - Jogginganzüge - im 2. Stock •
ein Kleid - Kleider - im 1. Stock

B Ich finde das schön.

1 Wie findest du das?

- Wie findest du den Teppich?
- Den finde ich gut. Der gefällt mir.

- Wie finden Sie das Hemd?
- Das finde ich toll. Das gefällt mir.

Ich finde das schön.
Das gefällt mir (gut).

- Wie findest du die Bluse?
- Die finde ich nicht so schön. Die gefällt mir nicht.

Nominativ	*ich*	*du*	*er*	*sie*	*es*	*wir*	*ihr*	*sie (Pl.)*	*Sie*
Dativ	*mir*	*dir*	*ihm*	*ihr*	*ihm*	*uns*	*euch*	*ihnen*	*Ihnen*

2 Ja/Nein/Doch

- Findest du den Teppich gut?
- Ja, den finde ich gut.

- Findest du das Handy gut?
- Nein, das finde ich nicht gut.

den Teppich → den
das Handy → das
die Bluse → die

- Findest du die Brille nicht schön?
- Doch, die finde ich schön.

- Findest du die Bluse nicht schön?
- Nein, die finde ich nicht schön.

Ja/Nein
Doch/Nein

3 Wie heißt das Kleidungsstück?

der Anzug • das Kleid • der Rock • die Jacke • der Pullover • das Hemd • die Hose • der Hut • der Mantel • die Bluse • das T-Shirt • die Mütze • die Handschuhe (*Pl.*) • die Socken (*Pl.*) • die Schuhe (*Pl.*) • die Turnschuhe (*Pl.*) • die Stiefel (*Pl.*)

Welche Farbe hat das Kleidungsstück?
(schwarz, braun, rosa, blau, grün, weiß)

a. Der Pullover ist ______________.
b. Die Stiefel sind ______________.
c. Der Hut ist ______________.
d. Der Rock ist ______________.
e. Das Kleid ist ______________.
f. Die Bluse ist ______________.

schwarz	weiß	braun	rosa	grau
●	○	●	●	●

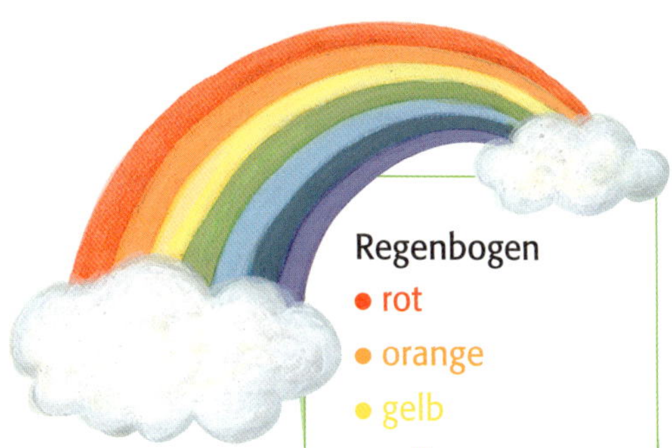

Regenbogen
- rot
- orange
- gelb
- grün
- blau
- dunkelblau
- violett

4 Gespräch im Kaufhaus

29

Verkäufer Guten Tag! Was kann ich für Sie tun?

Kundin Guten Tag! Ich suche eine Jacke.

Verkäufer Welche Farbe möchten Sie?

Kundin Haben Sie vielleicht eine in Rot?

Verkäufer Ja, welche Größe haben Sie?

Kundin Größe 42.

Verkäufer Möchten Sie die Jacke mal anprobieren?

Kundin Ja, gern!
Wo sind die Umkleidekabinen?

Verkäufer Da vorne.

(später)

Verkäufer Gefällt Ihnen die Jacke?

Kundin Ja, die passt mir gut. Ich nehme sie.

Verkäufer Schön! Die Kasse ist da hinten. Danke!

Kundin Auf Wiedersehen!

Welchen ...?
Welche ...?
Welches ...?

da hinten
da vorne

Hören Sie und kreuzen Sie an.

30

	richtig	*falsch*
a. Die Kundin sucht einen Tennisball in der Sportabteilung.	☐	☐
b. Die Sportabteilung ist im 2. Stock.	☐	☐
c. Den Jogginganzug findet die Kundin schön.	☐	☐
d. Der kostet 90 Euro.	☐	☐

C Ich suche ein Geschenk für meinen Freund.

(Im Kaufhaus) 31

Sumin Ich suche ein Geschenk für meinen Freund,
Mitbringsel für meine Eltern und etwas für unseren Hund.

Anna Hat dein Freund Geburtstag?

Sumin Ja, bald. Aber ich habe noch keine Idee.
Hast du vielleicht eine?

Anna Siehst du den Mann da vorn?

Sumin Ach, der ist nicht mein Typ.

Anna Nein, ich meine: wie findest du sein Jeanshemd? Wie gefällt es dir?

Sumin Ach so! Das Hemd gefällt mir!

Anna Ein Jeanshemd für deinen Freund! Na, wie findest du meine Idee?

Sumin Ich finde sie super! Wo gibt es Hemden?

Anna Da vorne ist die Herren-Abteilung. Da finden wir vielleicht auch etwas für deinen Vater.

ich sehe
du siehst
er/sie sieht

Sie shoppen weiter.

für + mich/dich/Sie ...

Nominativ	*ich*	*du*	*er*	*sie*	*es*	*wir*	*ihr*	*sie (Pl.)*	*Sie*
Akkusativ	*mich*	*dich*	*ihn*	*sie*	*es*	*uns*	*euch*	*sie*	*Sie*

D Grammatik und Wendungen

1 Personalpronomen: Dativ und Akkusativ

Nominativ	ich	du	er	sie	es	wir	ihr	sie (*Pl.*)	Sie
Akkusativ	mich	dich	ihn	sie	es	uns	euch	sie	Sie
Dativ	mir	dir	ihm	ihr	ihm	uns	euch	ihnen	Ihnen

2 Verb + Dativ

***helfen / gefallen / gehören* + Dativobjekt**

	helfen	gefallen
ich	helfe	gefalle
du	h**i**lfst	gef**ä**llst
er/sie/es	h**i**lft	gef**ä**llt
wir	helfen	gefallen
ihr	helft	gefallt
sie/Sie	helfen	gefallen

Ich helfe dir gern.
Er hilft mir.
Hilft sie ihm?
Wir helfen ihr immer.

Der Mantel gefällt mir.
Du gefällst mir.
Gefällt ihm die Jacke?
Diese Hosen gefallen ihm.

Die Bluse gehört mir.
Der Mantel gehört ihm.
Gehört ihr das Handy?
Diese Bücher gehören mir.

3 Verb + Akkusativ

***es gibt* + Akkusativ**

Es gibt hier einen Tisch und eine Lampe.
Gibt es im 5. Stock ein Restaurant?
Wo gibt es Töpfe?

***finden* + Akkusativ**

Wo finde ich Teppiche?

Ich finde den Teppich schön.

4 Possessivartikel: Akkusativ

	m	*f*	*n*	*Pl.*
Nominativ	mein Vater	meine Mutter	mein Kind	meine Kinder
Akkusativ	mein**en** Vater	mein**e** Mutter	mein Kind	mein**e** Kinder

5 Demonstrativpronomen

	m	*f*	*n*	*Pl.*
Nominativ	der	die	das	die
Akkusativ	den	die	das	die

Ist der Mantel ganz neu? – Ja, **der** ist neu.

Kennst du das Café Einstein? – Nein, **das** kenne ich nicht.

Wie finden Sie die Jacke? – **Die** finde ich schön.

Wo findet man Hosen? – **Die** sind da vorne.

6 Wendungen

Kann ich Ihnen helfen?

Wo gibt es Lampen?

Es tut mir leid. Wir haben keine Lampen.

Kann ich das mal anprobieren?

Wo finde ich Bücher? – Die finden Sie im Erdgeschoss.

Wie findest du die Bluse? – Ich finde die Bluse sehr schön.

E Übungen

1 Ergänzen Sie.

sie (2×) • dich • mich • ihn • es • uns

a. Wie findest du die Vase? – Ich finde ____ hübsch.
b. Liebst du ____? – Ja, ich liebe dich sehr.
c. Besuchen ____ deine Eltern oft? – Ja, sie besuchen mich oft.
d. Kennen Sie Michael und Verena? – Nein, ich kenne ____ nicht.
e. Wie gefällt dir unser Lehrer? – Ich finde ____ sehr nett.
f. Wie finden Sie das Hemd? – Ich finde ____ toll.
g. Hilft er euch? – Ja, er hilft ____.

2 Ergänzen Sie.

Das ____ ist ____.

Die Hose ist ____.

Der ____ ist ____.

Das ____ ist hellblau.

Die ____ ist ____.

Das ____ ist ____.

Die Turnschuhe sind ____.

Die Hose ist ____.

Das Kleid ist _____.

Die Stiefel sind _____.

Der Mantel ist _____.

Der Pelzmantel ist _____.

3 Was passt wo? Ergänzen Sie.

den (2×) • die (2×) • das • der

a. Wie findest du den Stuhl?
   – _____ ist super! _____ finde ich sehr gut.

b. Die Lampe da ist schön. _____ gefällt mir!
   – Ja, und _____ ist auch praktisch.

c. Gefällt dir der Schrank?
   – Nein, _____ finde ich nicht so gut.

d. Gehört Ihnen das Handy?
   – Ja, _____ gehört mir.

4 Wählen Sie ein Dativobjekt.

dir • mir (3×) • Ihnen (2×) • ihm • ihr

a. Wie geht es _____, Frau Meier? – Danke, _____ geht es gut.

b. Gehört _____ das Handy, Hans? – Ja, das ist mein Handy.

c. Wie gefällt Christine das Kleid? – Das gefällt _____ sehr gut.

d. Gehört Jürgen der Computer? – Nein, der gehört _____ nicht.

e. Passt _____ die Hose, Herr Müller? – Ja, die passt _____ gut.

f. Hilfst du _____? – Ja, ich helfe dir.

5 Ergänzen Sie.

Ja • Nein • Doch

a. Kommen Sie aus Japan? – ________, ich komme aus China.
b. Hast du keine Milch? – ________, hier bitte.
c. Schmeckt das Essen nicht? – ________, es schmeckt gut.
d. Ist der Kuchen von Thomas? – ________, der Kuchen ist von Andrea.
e. Möchten Sie noch einen Kaffee? – ________, danke. Keinen Kaffee mehr.
f. Möchtest du ein Eis? – ________, bitte.
g. Ist der Film nicht gut? – ________, er ist sehr gut.
h. Sind die Schuhe nicht schön? – ________, sie sind sehr schön.
i. Hörst du gern Jazz? – ________, sehr gern.
j. Kommt dein Freund nicht? – ________, er kommt später.

6 Hören Sie und sprechen Sie nach. Ergänzen Sie.

32

ä • ö • ü

a. Gef__llt Ihnen das Handy?
b. Der Mantel geh__rt mir, das ist mein Mantel.
c. Die M__tze gef__llt mir sehr gut.
d. Was kann ich f__r Sie tun?

7 Ordnen Sie zu.

a. Findest du den Hut toll?	a. Ich mag Gelb.
b. Wo gibt es Toiletten?	b. Nein, die kostet nur 20 Euro.
c. Was suchst du?	c. Das gefällt mir gut!
d. Welche Farbe mögen Sie?	d. Einen Anzug für meinen Vater.
e. Ist die Bluse teuer?	e. Die findet man im 3. Stock.
f. Wie findest du das Hemd?	f. Ja, den finde ich toll.

Lektion 8

Wetter und Freizeit

A Was machst du in der Freizeit?
B Wie ist das Wetter?
C Die vier Jahreszeiten
D Grammatik und Wendungen
E Übungen

A Was machst du in der Freizeit?

1 Meine Hobbys

- Was ist Ihr Hobby?
- *Musik hören*. Und was machen Sie in der Freizeit?
- Ich *treibe* gern *Sport*.

- Was ist dein Hobby?
- *Fahrrad fahren*. Und was machst du in der Freizeit?
- Ich *singe* sehr gern.

Variation: fotografieren - Freunde treffen - Klavier spielen - tanzen •
wandern - zeichnen - schwimmen - kochen

Fragen Sie Ihre Partnerin/Ihren Partner und schreiben Sie über sie/ihn.

Name:

Land:

Alter:

Hobbys:

Lieblingsfilm:

Lieblingsbuch:

Lieblingssänger/in:

E-Mail-Adresse:

Erzählen Sie von Ihrer Partnerin/Ihrem Partner.

- Was macht Ihre Partnerin gern in der Freizeit?
- Sie liest/schläft gern.
  Und sie trifft auch gern Freunde.
  Ihr Lieblingsfilm ist „Das Leben der Anderen“.

ich schlafe
du schläfst
er schläft

2 Das kann ich leider nicht.

Sie **kann** gut malen.

Ich **muss** mehr Sport machen.

Man **darf** hier nicht schwimmen.

Ich **will** nach Berlin fahren.

- **Wollen** wir *im Park einen Spaziergang machen*? 33
- Heute **kann** ich leider nicht.
  Ich **muss** noch *lernen*.

Variation: Musik hören - mein Zimmer aufräumen •
eine Grillparty machen - Hausaufgaben machen

ich will
ich möchte
ich kann
ich darf
ich muss

- Ich habe *Hunger*. 34
  Wollen wir etwas *essen gehen*?
- Ja, ich bin auch *hungrig*.
  Aber ich **darf** heute nichts mehr *essen*.
  Ich **muss** morgen früh einen Gesundheitscheck machen.

Variation: Durst - trinken gehen - durstig - trinken

3 Ein Hungerkünstler

Ein Hungerkünstler ***kann*** *unglaublich lange hungern.*

Aufseher — Wir bewundern dein Hungern.
Hungerkünstler — Sie **sollen** es aber nicht bewundern.
Aufseher — Nun, dann bewundern wir es also nicht. Warum **sollen** wir es nicht bewundern?
Hungerkünstler — Ich **muss** hungern. Ich **kann** nicht anders.
Aufseher — Warum **kannst** du nicht anders?
Hungerkünstler — Die Speise schmeckt mir nicht!

(aus: Franz Kafka. *Erzählungen*. Teilweise leicht geändert)

4 Was machst du in den Ferien?

- Was machst du in den Ferien?
- Im Sommer möchte ich nach Berlin fahren. Berlin soll sehr interessant sein.
- Und wohin fährst du im Winter?
- Im Winter fahre ich nach Süddeutschland, in die Alpen.
  Da gibt es viel Schnee. Man kann gut Ski fahren.

ich kann
du kannst
er kann

Antworten Sie. Und fragen Sie auch Ihre Partnerin/Ihren Partner.

	Ich	*Meine Partnerin / Mein Partner*
Was machst du in den Ferien? Was machen Sie in den Ferien?	Ich habe einen Ferienjob.	Sie/Er ______.
Wohin fährst du? Wohin fahren Sie?	Ich fahre nach ______.	Sie/Er ______.
Was kannst du dort machen? Was können Sie dort machen?	Ich kann ______.	Sie/Er ______.

Altes Museum, Berlin

B Wie ist das Wetter?

1 Heute ist das Wetter schön.

- Wie ist das Wetter heute?
- Es ist schön. Die Sonne scheint.

Es ist sonnig.

Es regnet.

Es ist bewölkt.

Es ist windig.

Es schneit.

Temperatur

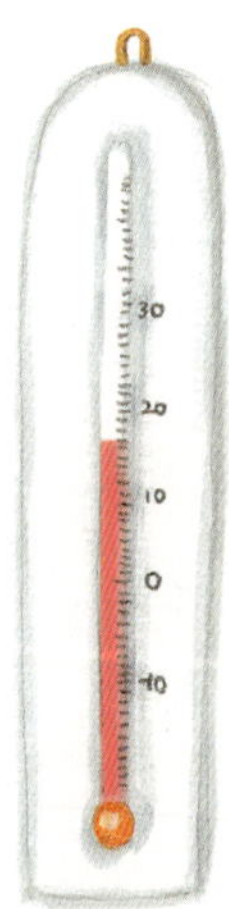

30 Grad	Es ist heiß.
20 Grad	Es ist warm.
10 Grad	Es ist kühl.
0 Grad	Es ist kalt.
-10 Grad	

- Wie ist das Wetter heute?
- Es sind *dreißig Grad*. Und *die Sonne scheint*.

Variation: 20 Grad - Regen • 28 Grad - Wolke • 16 Grad - Wind • -5 Grad - Schnee

2 Der Wetterbericht – Deutschland

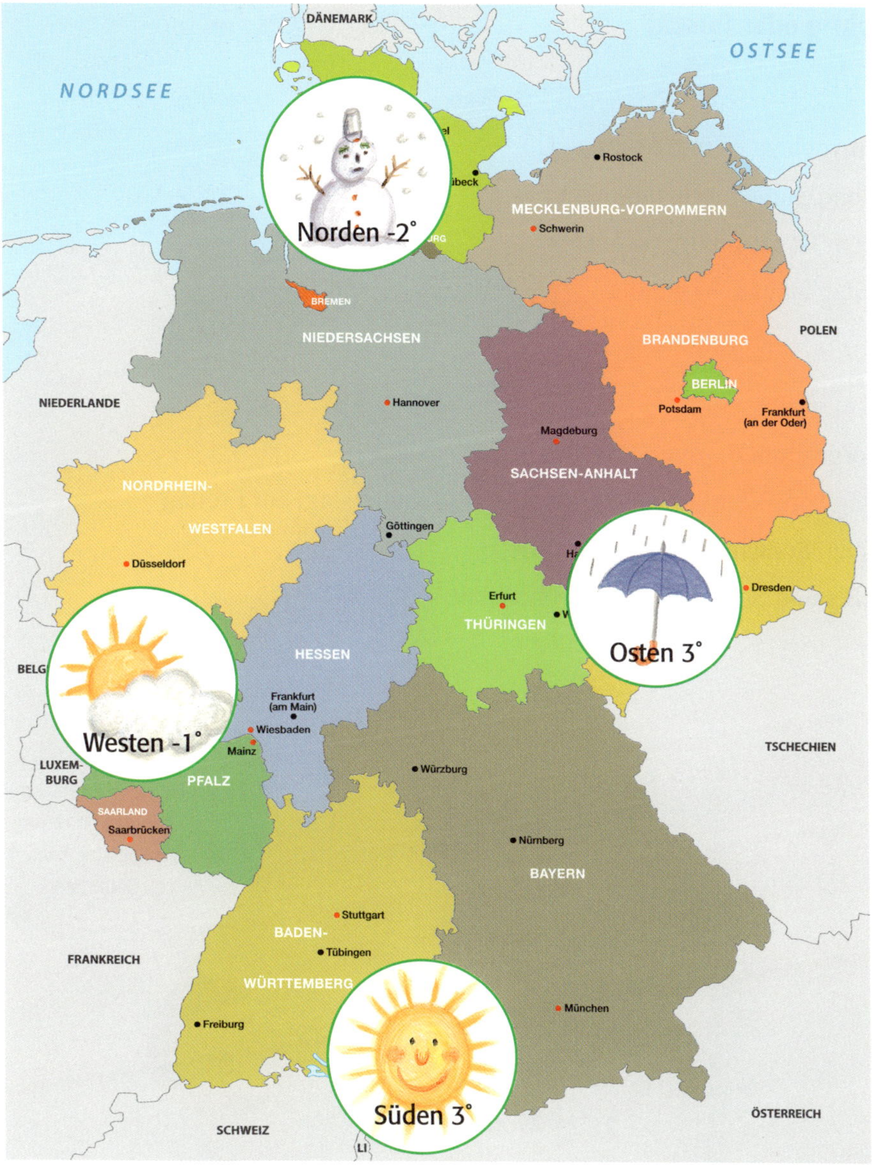

Ergänzen Sie.

Im Osten regnet es. Es sind 3 Grad.

__________ schneit es. Es sind minus 2 Grad.

Im Süden ist es __________. Es sind __________________.

Im Westen __________________. Es __________________.

3 Wettervorhersage

35

Ist das richtig oder falsch?

	richtig	*falsch*
a. Am Mittwoch ist es meist bewölkt.	☐	☐
b. In Ost- und Süddeutschland regnet es.	☐	☐
c. Im Westen ist es sonnig.	☐	☐
d. Am Freitag ist es sehr windig.	☐	☐

heute, morgen, übermorgen
am Montag, am Dienstag, am Mittwoch, am Donnerstag, am Freitag
am Samstag/Sonnabend, am Sonntag
am Samstag und Sonntag = am Wochenende

C Die vier Jahreszeiten

1 Die vier Jahreszeiten

2 Wie ist das Wetter in Deutschland?

Im Frühling wird die Landschaft grün, aber das Wetter ist leider wechselhaft.
Im Sommer ist das Wetter meistens sehr angenehm. Manchmal kann es aber auch sehr heiß werden. Es gibt keine Regenzeit, aber im Sommer gibt es oft Gewitter mit viel Regen.
Der Herbst hat zwei Gesichter: Der Oktober ist meistens schön und noch warm. Da kann man wandern und Sport treiben. Der November ist nasskalt und grau. Es gibt oft Nebel.
Der Winter kann wie in Korea sehr kalt sein. Im Januar und Februar gibt es viel Schnee. Und manchmal schneit es sogar im April.

D Grammatik und Wendungen

1 Wetter: es

Es regnet. / **Es** schneit.

Es ist schön. / **Es** ist bewölkt.

Es ist windig. / **Es** ist sonnig.

2 Bestimmter Artikel: Dativ

	m	*f*	*n*	*Pl.*
Nominativ	der	die	das	die
Akkusativ	den	die	das	die
Dativ	**dem**	**der**	**dem**	**den -n**

Der Lehrer erklärt **dem** Schüler den Dativ.

Das Kind hat Geburtstag. Die Eltern schenken **dem** Kind ein Fahrrad.

Der Physiker zeigt **den** Schüler**n** ein Experiment.

Das Buch gehört **der** Studentin.

Der Film gefällt **dem** Publikum.

Ich fahre mit **dem** Zug nach München.

☞ Artikelwörter wie **dies-**

Er wohnt in **diesem** Haus.

In **dieser** Zeit scheint die Sonne oft.

3 Präposition: in

im = in dem

Wo? *in* + Dativ

Im Osten ist es sonnig.

Wann? *in* + Dativ

Im Winter schneit es.

In der Nacht regnet es.

4 Modalverben

	dürfen	können	müssen	wollen	sollen
ich	darf	kann	muss	will	soll
du	darfst	kannst	musst	willst	sollst
er/sie/es/man	darf	kann	muss	will	soll
wir	dürfen	können	müssen	wollen	sollen
ihr	dürft	könnt	müsst	wollt	sollt
sie/Sie	dürfen	können	müssen	wollen	sollen

5 Modalverben im Satz

	Position 2		Ende
Man	darf	hier nicht	rauchen.
Ich	kann	gut	singen.
Du	musst	jetzt das Auto	waschen.
Wir	wollen	am Samstag einen Ausflug	machen.

Man darf hier nicht parken.
Man kann in diesem Restaurant gut essen und trinken.
Man muss in der Bibliothek leise sein.
Er will nach Berlin fahren.
Er möchte nach Berlin fahren.
Du sollst nicht stehlen.

6 Verb: werden

ich	werde	wir	werden
du	wirst	ihr	werdet
er/sie/es	wird	sie/Sie	werden

Ich werde Schriftstellerin.
Er wird müde.
Es wird kalt.

7 Verbkonjugation: Vokalwechsel in der 2. / 3. Pers. Sg.

e → i	ich	esse	ich helfe, du **hi**lfst, er/sie **hi**lft ich treffe, du **tri**ffst, er/sie **tri**fft ich gebe, du **gi**bst, er/sie **gi**bt
	du	**i**sst	
	er/sie	**i**sst	
	wir	essen	
	ihr	esst	
	sie/Sie	essen	

e → ie	ich	lese	ich sehe, du **sie**hst, er/sie **sie**ht
	du	**lie**st	
	er/sie	**lie**st	
	wir	lesen	
	ihr	lest	
	sie/Sie	lesen	

a → ä	ich	fahre	ich schlafe, du schl**ä**fst, er/sie schl**ä**ft ich laufe, du l**ä**ufst, er/sie l**ä**uft
	du	f**ä**hrst	
	er/sie	f**ä**hrt	
	wir	fahren	
	ihr	fahrt	
	sie/Sie	fahren	

8 Wendungen

Wie ist das Wetter? – Es regnet. / Es schneit.
Es ist sonnig. / Es ist bewölkt. / Es ist windig.
Es ist warm. / Es ist heiß. / Es ist kühl. / Es ist kalt.

Im Frühling ist es warm.
Im Westen sind es 12 Grad.

Was ist dein Hobby? – Ich lese gern.

Mein Lieblingsbuch ist …
Mein Lieblingsfilm ist …
Meine Lieblingsmusik ist …

E Übungen

1 Ordnen Sie zu.

Darf	ich Ihnen helfen?
Wollen	man hier rauchen?
Kann	du mit mir tanzen?
Willst	ich mein Zimmer aufräumen?
Könnt	wir am Samstag Fußball spielen?
Muss	ihr bitte das Frühstück machen?

2 Setzen Sie die passenden Verbformen ein.

a. Anna __________ gern Schokolade. (essen)
b. Ihr __________ zu viel Schokolade. (essen)
c. In der Freizeit __________ Stefanie Zeitung. (lesen)
d. Er __________ nach München. (fahren)
e. __________ du heute deinen Freund? (treffen)
f. Er __________ immer Pommes. (nehmen)
g. Warum __________ du nicht gut? (schlafen)
h. Es __________ heute. (regnen)
i. Er __________ mir immer. (helfen)
j. __________ du mir ein Stück Kuchen? (geben)
k. Das Kind __________ schon laufen. (können)
l. Du __________ nicht lügen. (sollen)
m. Ohne Brille __________ er nicht lesen. (können)
n. Was __________ ihr am Freitag machen? (wollen)
o. __________ du heute zu Hause bleiben? (müssen)
p. In der Mensa __________ Studenten günstig essen. (können)
q. __________ ich am Samstag schwimmen gehen? (dürfen)

3 Ergänzen Sie.

in den • im (3×) • in der (2×) • am (2×)

a. Er fährt ________ Samstag nach Berlin.
b. ________ Nacht regnet es.
c. Die Sonne scheint ________ Norden.
d. Es soll ________ Wochenende regnen.
e. ________ Sommer regnet es sehr häufig.
f. Was macht er ________ Ferien?
g. Er isst gern ________ Restaurant.
h. Man lernt ________ Schule für das Leben.

4 Ergänzen Sie.

dem (3×) • der (2×)

a. Ein Kind braucht Hilfe. Die Frau dort kann ______ Kind helfen.
b. Ist das dein Buch? – Nein, das Buch gehört mir nicht!
Ich glaube, das gehört ______ Studentin dort.
c. Das Publikum findet den Schauspieler sehr attraktiv. Er gefällt ______ Publikum.
d. Unsere Deutschlehrerin hilft uns immer. Wir sind ______ Lehrerin sehr dankbar.
e. Der Hotelgast hat ein Problem. Der Hotelangestellte kann ______ Gast helfen.

5 Hören Sie und ergänzen Sie. 36

sch • s • ss • ß

a. Heute i___t es ___onnig.
b. Im Winter ____neit es.
c. ___ie lernt in der ____ule.
d. Er macht ___port.
e. Die ___onne ____eint.
f. Ihr wi___t das ____on.

g. Das _____ meckt gut.

h. Das Kleid pa_____t mir gut.

i. Er geht gern ___ pazieren.

j. Ich e_____e gern Pizza.

k. Ich gehe _____ wimmen.

l. Er wei___ da___.

6 Bilden Sie Sätze.

a. einkaufen - sie - ***müssen***

Sie ***muss*** einkaufen.

b. ich - das - verstehen - nicht - können

____.

c. wollen - Käsekuchen - ihr - nehmen

____?

d. hineingehen - man - hier - dürfen - nicht

____.

e. gut - kochen - können - er

____.

f. wollen - am Wochenende - sie (*Pl.*) - fahren - Fahrrad

____.

g. am Freitag - ich - machen - wollen - eine Party

____.

h. Stefanie - im Flugzeug - schlafen - nicht - können

____.

i. ich - den Deutschkurs - besuchen - dürfen

____?

j. müssen - heute - du - bezahlen - die Rechnung

_______________________________________.

k. das Wetter in Spanien - sein - sehr schön - sollen

_______________________________________.

l. sehr kalt - können - in Deutschland - im Winter - es - sein

_______________________________________.

m. eine Frage - dürfen - stellen - ich

_______________________________________?

n. morgen - wir - aufstehen - müssen - früh

_______________________________________.

o. Schach - können - spielen - du

_______________________________________?

p. müssen - pünktlich - immer - sein - die Studenten

_______________________________________?

7 Ordnen Sie zu.

a. Wohin fährst du?	a. Er zeichnet gern.
b. Wann willst du nach Berlin fahren?	b. Übermorgen.
c. Was ist sein Hobby?	c. Ich liebe den Herbst.
d. Welche Jahreszeit magst du?	d. Im Norden soll es Schnee geben.
e. Wo schneit es heute?	e. Selbstverständlich!
f. Darf ich das Kleid anprobieren?	f. Ich fahre nach Norddeutschland.

Lektion 9

Wo ist das Ampelmännchen?

A Wo ist was?
B Wohin gehst du?
C Kennen Sie das Ampelmännchen?
D Grammatik und Wendungen
E Übungen

A Wo ist was?

1 Wo ist das Ampelmännchen?

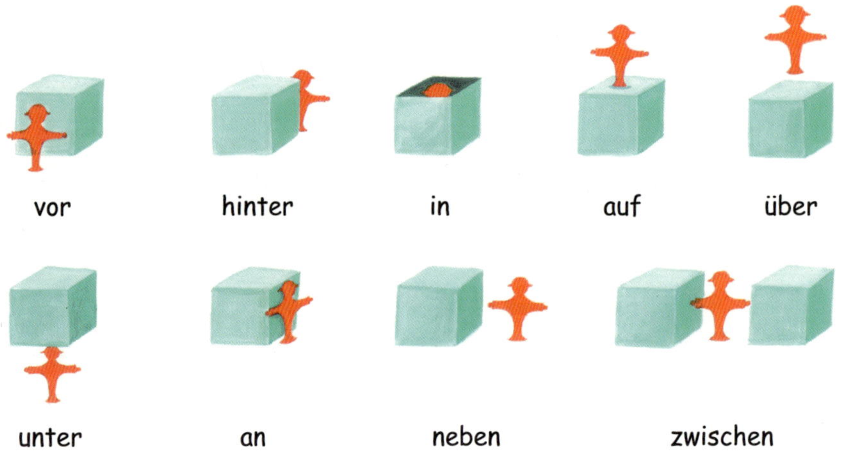

Das Ampelmännchen ist **auf** der Kiste.
Das Ampelmännchen ist **vor** der Kiste.
Das Ampelmännchen ist **neben** der Kiste.
Das Ampelmännchen ist **zwischen** den Kisten.

- Wo ist der Mann?
- Er ist *im Bus*.

Variation: Studentenwohnheim • Mensa

in + dem = im
an + dem = am
bei + dem = beim

- Wo steht die Frau?
- Sie steht *vor dem Kino*.

Variation: Bibliothek • Buchladen

zu Hause

- Wo liegt das Buch?
- Es liegt *auf dem Tisch*.

Variation: Sofa • Treppe

Wo? (in, auf, an, vor, hinter ... + Dat.)

m	*f*	*n*
im Buchladen	*in der Uni*	*im Kino*
auf dem Markt	*auf der Party*	*auf dem Sofa*
am Bahnhof	*an der Haltestelle*	*am Meer*

zwischen dem Bahnhof und der Post

2 Vor der Party und nach der Party

Hanna feiert ihren Geburtstag. Beschreiben Sie ihr Zimmer vor und nach der Party. Verwenden Sie die Präpositionen *in, auf, unter, neben, vor, hinter, an, zwischen.*

Vor der Party:
Der Stuhl steht *vor dem* Schreibtisch.

Nach der Party:
Der Stuhl steht *neben dem* Schreibtisch.

- Wo ist *der Ball* vor der Party?
- *Er liegt im Regal.*
- Und nach der Party?
- *Er liegt auf dem Boden.*

Wo ist / sind ...?
Wo steht / stehen ...?
Wo liegt / liegen ...?

Variation: Tasche - Stuhl - Regal • Kissen - Sofa - Sofa • Bücher - Regal - Sofa • Vase - Fernseher - Schreibtisch / Regal • Lampe - Sofa - Schreibtisch

B Wohin gehst du?

1 Wohin gehst du?

- Wohin gehst du?
- *In die Mensa*. Und du?
- Ich gehe jetzt *ins Kino*.

Variation: Park - Theater • Bibliothek - Filmmuseum

in + das = ins

- Was machst du am Wochenende?
- Ich will *an die Ostsee* fahren. Und du?
- Ich will *auf den Fernsehturm*.

Variation: Meer - Flohmarkt

Wohin? (in, auf, an ... + Akk.)

m	*f*	*n*
in den Garten	*in die Bibliothek*	*ins Kino*
auf den Fernsehturm	*auf die Insel*	*aufs Meer*
an den Bodensee	*an die Nordsee*	*ans Meer*

- Wohin gehst du jetzt?
- Ich muss *zum Arzt*. Und du?
- Ich muss noch *zur Bank*.

zu + dem = zum
zu + der = zur

Variation: Bäcker - Buchladen • Friseur - Post

zu + Dativ
zum Buchladen
zur Post

nach München/Deutschland
nach Hause

2 Woher kommst du gerade?

- Wo ist *Christian*?
- Da, *er* kommt gerade aus *der Mensa*.

Variation: Anna - Buchladen • Herr Weigel - Bibliothek • deine Freundin - Büro

- Woher kommst du gerade? *Vom Essen*?
- Nein, ich komme *vom Schwimmen*.

Variation: Arbeit - Arzt • Einkaufen - Mittagessen

von + dem = vom
von zu Hause

Woher? (aus, von + Dat.)

m	*f*	*n*
aus dem Laden	*aus der Schule*	*aus dem Zimmer*
vom Bäcker	*von der Arbeit*	*vom Essen*

3 Wie kommen wir nach Hause?

- Wie fährst du zur Uni?
- *Mit dem Fahrrad*. Und du?
- Ich fahre *mit der U-Bahn*.

Variation: Auto - Bus

- Es ist schon spät. *Die U-Bahn* fährt nicht mehr.
  Wie kommen wir nach Hause?
- Dann müssen wir *ein Taxi nehmen*.

Variation: Bus - zu Fuß gehen

mit + Dativ
mit dem Zug
mit der Straßenbahn
mit dem Flugzeug
***zu Fuß** (gehen)*

4 Bilden Sie Sätze.

Wer?	*Verb*	*Wie?*	*Wohin?*
Wir Frau Bauer Mein Freund Julia Ich Du Anna und Markus	fahre fährst fährt fahren	mit dem Zug mit dem Bus mit dem Auto mit dem Fahrrad mit dem Taxi mit der U-Bahn	ins Theater. zur Uni. zur Arbeit. zum Arzt. an den Bodensee. nach München. nach Hause.
	gehe gehst geht gehen	zu Fuß	

5 Wo ist der Autoschlüssel?

37

Hören Sie und ergänzen Sie die Präpositionen.

Anja Oh nein, das kann doch nicht wahr sein! Gerade jetzt!

Max Was ist denn?

Anja Ich muss jetzt los. Ich habe heute eine Präsentation.
Aber ich kann den Autoschlüssel nicht finden.

Max Ist er denn nicht ________ Arbeitszimmer ________ dem Schreibtisch?

Anja Nein, da ist er nicht.

Max Dann liegt er bestimmt irgendwo ________ Wohnzimmer.
Vielleicht ________ dem Sofa?

Anja Nein, dort ist er auch nicht.

Max Vielleicht ist der Autoschlüssel ________ der Küche.

Anja Nein nein, da auch nicht. Er ist auch nicht ________ Schlafzimmer.
Kannst du mir bitte ________ Suchen helfen?

Max Kein Problem, ich helfe dir.
Hier, ich habe ihn schon! Er liegt ________ der Zeitung.

Anja Vielen, vielen Dank! Du bist meine Rettung. Tschüs, bis später!

Max Tschüs und viel Glück!

C Kennen Sie das Ampelmännchen?

1 Ein Ampelmännchen macht Karriere.

38

Oktober 1961: In der DDR erfindet ein Verkehrspsychologe neue Ampelsymbole – zwei Männchen in Rot und Grün. Beide tragen einen Hut. 1969 kommt die Ampel in Ost-Berlin zum Einsatz. Das Ampelmännchen wird zur Kultfigur in Ostdeutschland.
Nach der Wiedervereinigung im Jahr 1990 will man die DDR-Ampelmännchen abschaffen. Aber eine Bürgerinitiative rettet das Ampelmännchen. Heute sind die Ost-Ampelmännchen international bekannt.
Das Ampelmännchen hat übrigens auch eine Partnerin: die Ampelfrau. Man kann sie zum Beispiel in Bremen oder in Dresden finden.

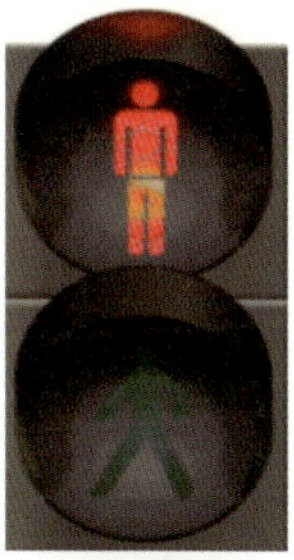

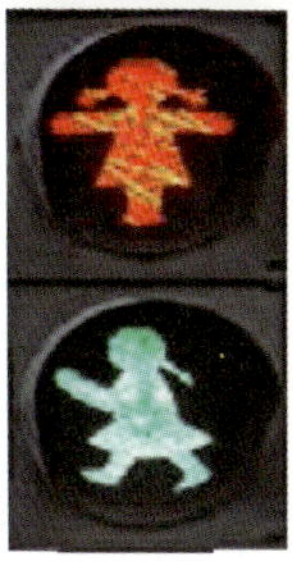

* DDR: die Deutsche Demokratische Republik (1949–1990)

2 Schreiben Sie die Jahreszahlen.

1968: neunzehnhundertachtundsechzig
2012: zweitausendzwölf

a. 1945: ______
b. 2014: ______
c. 1848: ______
d. 2001: ______

D Grammatik und Wendungen

1 Präpositionen + Dativ/Akkusativ

Wo? (+ Dativ)

Das Buch	ist liegt steht	auf • an • in usw.	**dem** Tisch.
			der Wand.
			dem Regal.

Wohin? (+ Akkusativ)

Wir	gehen fahren	auf	**den** Flohmarkt.
		in	**die** Bibliothek.
		an	**das** Meer.

Ich	lege stelle	das Buch	auf	**den** Tisch.
			neben	**die** Lampe.
			in	**das** Regal.

2 Präpositionen + Dativ: aus, von, zu, bei, mit

Woher kommst du gerade?	**Aus der** Schule.
	Vom Schwimmen.
Wohin geht Anna?	**Zum** Buchladen.
	Zur Post.
Wo ist Herr Stein?	**Beim** Arzt.
	Bei einer Freundin.
Wie fahren Sie zur Arbeit?	**Mit dem** Bus. / **Mit der** U-Bahn. / **Mit dem** Fahrrad.
Was machen Sie heute?	Ich gehe **mit den** Kinder**n** in den Zoo.

3 Präpositionen + Akkusativ: für, durch

Ich suche **für einen** Freund ein Geschenk.

Wir müssen **für die** Party noch Getränke kaufen.

Der Zug fährt **durch den** Tunnel.

Durch die Stadt fließt ein Fluss.

4 Wendungen

Wo ist das Deutschbuch?	–	Es liegt auf dem Tisch. / Es steht im Regal.
Wie fährst du zur Uni?	–	Ich fahre mit dem Bus. Ich fahre mit der U-Bahn.
Wie komme ich zum Hauptbahnhof? Ist es weit?	–	Nein, Sie können zu Fuß gehen.
Wo bist du jetzt?	–	Ich bin zu Hause.
Wohin geht ihr?	–	Wir gehen nach Hause.
Woher kommst du gerade?	–	Ich komme von zu Hause.

E Übungen

1 Wie kommen Sie nach Hause? Ergänzen Sie.

das Taxi • die U-Bahn • der Zug • die Straßenbahn • das Flugzeug • das Fahrrad • der Bus

Ich fahre mit ______. ______. ______.

______. ______. ______. Ich fliege mit ______.

2 Wo ist denn ...?

a. Wo ist denn dein Handy? – Es ist ______ Jackentasche.
b. Wo ist denn der Wein? – Er steht noch ______ Kühlschrank.
c. Wo ist denn die Katze? – Sie liegt unter ______ Bett und schläft.
d. Wo ist denn Herr Langsam? – Er ist noch ______ Hause.
e. Wo ist denn Corinna? – Sie ist ______ Arzt.

3 Sehen Sie das Bild an. Fragen Sie und antworten Sie.

a. Wo ist der Bahnhof? – ________________ Post.

b. Wo ist die Haltestelle? – ________________ Schule.

c. Wo steht der Bus? – ________________ Haltestelle.

d. Wo ist die Bank? – ________________ Apotheke.

e. Wo ist die Apotheke? – ________________ Bäckerei und ______ Hotel.

f. Wo sitzt der Hund? – ________________ Baum.

g. Wo ist die Katze? – ________________ Auto.

h. Wo stehen die Kinder? – ________________ Buchladen.

i. Wo ist das Auto? – ________________ Hotel.

j. Wo ist der Mann? – ________________ Auto.

4 Ergänzen Sie die Präpositionen und den Artikel.

	Wohin? **Ich gehe ...**		**Wo?** **Ich bin ...**	
a. Bibliothek	__________	. (in)	__________	. (in)
b. Bäcker	__________	. (zu)	__________	. (bei)
c. Friseur	__________	. (zu)	__________	. (bei)
d. Buchladen	__________	. (zu)	__________	. (in)
e. Museum	__________	. (in)	__________	. (in)
f. Oper	__________	. (in)	__________	. (in)

5 Ergänzen Sie.

am • der (2×) • die • zum • vom • zur • zu (2×) • nach • ins • an

a. Gehen wir zusammen ______ Kino? – Tut mir leid, ich muss ______ Zahnarzt.

b. Kommst du jetzt von ______ Arbeit? – Nein, ich komme ______ Arzt.

c. Kommst du mit? – Nein, ich kann leider nicht. Ich muss noch in ______ Bibliothek gehen.

d. Wo triffst du deine Eltern? – ______ Hauptbahnhof.

e. Seid ihr heute Abend ______ Hause? – Nein, wir gehen ______ Anna.

f. Gehst du jetzt ______ Hause? – Ja, aber vorher muss ich noch ______ Bank.

g. Wo ist David? – In ______ Uni. Er hat eine Vorlesung.

h. Fährst du mit mir ______ die Ostsee? – Ja, ich möchte auch das Meer sehen.

Lektion 10

Was machst du heute?

A Was macht Sabine heute?
B Wie spät ist es?
C Verabredung
D Grammatik und Wendungen
E Übungen

A Was macht Sabine heute?

7:00
Sabine steht auf.

8:10
Sabine frühstückt.

8:45
Sabine räumt das Zimmer auf.

12:00
Sie isst zu Mittag.

13:35
Sie ruft Freunde an.

15:00
Sie kauft ein.

- Es ist acht Uhr zehn.
- Sabine frühstückt.

auf · stehen	*Sabine steht auf.*
auf · räumen	*Sabine räumt auf.*
fern · sehen	*Sabine sieht fern.*

1 Tagesablauf

Erzählen Sie.

um
von ... bis ...

Wann steht Sabine auf? Was macht sie um ... Uhr?

Um 7 Uhr steht sie auf. Um zehn nach acht frühstückt sie. ...

2 Was macht sie/er, und wann macht sie/er das?

Wann siehst du fern? – Am Abend.
Wann gehst du ins Bett? – Um 1 Uhr.

am Morgen	*jeden Morgen*	*morgens*
am Vormittag	*jeden Tag*	*vormittags*
am Nachmittag	*jeden Abend*	*nachmittags*
am Abend		*abends*

Sprechen Sie über Ihre Partnerin/Ihren Partner.

Meine Partnerin heißt Sumin. Sie steht jeden Morgen um 6.30 Uhr auf.
Sie frühstückt nicht.
Um 8 Uhr morgens fährt sie zur Uni. … Um 7 Uhr abends fährt sie wieder nach Hause.

3 Was machst du gern?

	gern	*nicht so gern*
Deutsch lernen	Ich lerne gern Deutsch.	
Musik hören		
Hausaufgaben machen		
Bücher lesen		
früh auf·stehen		
ein·kaufen		
Zimmer auf·räumen		
fern·sehen		
ins Theater gehen		
E-Mail schreiben		
Computerspiele machen		
spazieren gehen		
schwimmen		

Was tut Ihre Partnerin/Ihr Partner gern? Fragen Sie.

- Lernst du gern Deutsch?
- Ja, ich lerne sehr gern Deutsch.
- Hörst du gern Techno-Musik?
- Nein, ich höre nicht so gern Techno-Musik.

Sprechen Sie über Ihre Partnerin/Ihren Partner.

Meine Partnerin lernt sehr gern Deutsch. Aber sie hört nicht so gern Musik.
Sie …

B Wie spät ist es?

1 Wie viel Uhr ist es?

Hören Sie die Uhrzeiten und sprechen Sie nach. 39

4:30 6:12 9:53 15:28 12:10 7:15 23:59 17:32 13:24

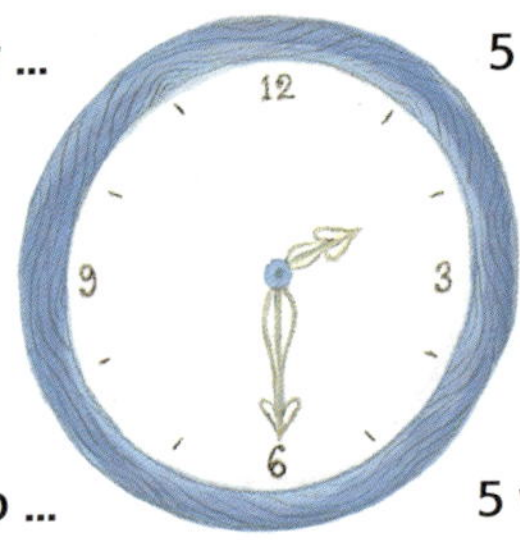

formell	informell
Es ist 9 Uhr 5 / 21 Uhr 5.	Es ist fünf nach neun.
Es ist 10 Uhr 15 / 22 Uhr 15.	Es ist Viertel nach zehn.
Es ist 11 Uhr 25 / 23 Uhr 25.	Es ist fünf vor halb zwölf.
Es ist 12 Uhr 30 / 0 Uhr 30.	Es ist halb eins.
Es ist 13 Uhr 35 / 1 Uhr 35.	Es ist fünf nach halb zwei.
Es ist 14 Uhr 45 / 2 Uhr 45.	Es ist Viertel vor drei.

Wie spät ist es? Schreiben Sie die informelle Uhrzeit.

2:15

Viertel nach zwei

5:45

____

9:30

____

13:35

____

C Verabredung

1 Ja, gern.

40

- Hallo, Andrea!
- Hallo, Sumi.
- *Gehen wir ins Kino*? Hast du Lust?
- Ja, gern! Wann denn?
- *Heute Abend.*
- *Heute Abend*? Da habe ich leider keine Zeit.
- Hast du dann *am Samstag* Zeit?
- Ja, da habe ich Zeit.
- Super! Dann treffen wir uns *am Samstag um 18.30 Uhr.*
- Okay.

Variation: in den Tierpark gehen - heute Nachmittag - morgen - morgen um 2 Uhr •
ins Theater gehen - am Samstag - am Sonntag - am Sonntag um 6.30 Uhr •
schwimmen gehen - am Mittwoch - am Donnerstag - am Donnerstag um 3 Uhr

2 Tut mir leid.

41

- Ich habe zwei Theaterkarten. Hast du am Freitag Zeit?
- Tut mir leid. Da habe ich schon eine Verabredung.
- Schade!

- *Am Freitag gehe ich ins Museum.* Kommst du mit?
- Tut mir leid. Da habe ich etwas vor.
- Schade!

Variation: am Samstag - ins Kino gehen • am Wochenende - einkaufen gehen •
morgen - essen gehen

3 Am Bahnhof

Sabine will ihre Freundin in München besuchen.
Am Bahnhof kauft sie eine Fahrkarte nach München.

(Am Schalter)

Sabine Guten Tag, ich möchte nach München fahren.
Bahnangestellter Wann möchten Sie fahren?
Sabine Übermorgen gegen 11.30 Uhr.
Bahnangestellter Um diese Zeit gibt es einen ICE nach München. Er fährt um 11.33 Uhr von Gleis 5 ab und kommt um 14.34 Uhr in München am Hauptbahnhof an.
Sabine Das passt gut. Was kostet die Fahrt?
Bahnangestellter Einfach oder hin und zurück?
Sabine Einfach, bitte!
Bahnangestellter Das Ticket kostet 83 Euro. Möchten Sie auch einen Platz reservieren? Das kostet 4,50 Euro extra.
Sabine In Ordnung!
Bahnangestellter Das macht dann zusammen 87,50 Euro.

Bahnhof/ Haltestelle	Datum	Zeit	Gleis	Produkte	Bemerkungen
Köln Hbf	So, 07.07.13	ab 08:53	7	EC 7	EuroCity Fahrradmitnahme reservierungspflichtig, Fahrradmitnahme begrenzt möglich, Bordrestaurant
Mannheim Hbf	So, 07.07.13	an 11:21	8		
Mannheim Hbf	So, 07.07.13	ab 11:33	5	ICE 515	Intercity-Express Bordbistro
München Hbf	So, 07.07.13	an 14:34	15		

D Grammatik und Wendungen

1 Trennbare Verben

auf · stehen → Sabine steht **auf**.
auf · räumen → Sabine räumt **auf**.
an · rufen → Thomas ruft **an**.
aus · gehen → Thomas geht **aus**.
ein · kaufen → Ich kaufe **ein**.
fern · sehen → Ich sehe **fern**.

☞ Untrennbare Verben

besuchen → Er **be**sucht einen Deutschkurs.
entschuldigen → **Ent**schuldigen Sie!
verstehen → Ich **ver**stehe das nicht.
gefallen → Das **ge**fällt mir gut.

2 Trennbare Verben im Satz

	Position 2		Ende
Sabine	steht	um 7 Uhr	auf.
Sabine	räumt	das Zimmer	auf.
Thomas	ruft	seine Freundin	an.
Wir	gehen	heute Abend	aus.
Ich	kaufe	im Supermarkt	ein.
Ich	sehe	abends	fern.

3 Verb: Position im Hauptsatz

	Position 2		
Thomas	geht	am Morgen	zur Uni.
Am Morgen	geht	Thomas	zur Uni.

4 Temporale Präpositionen

Wann gehen Sie zur Uni? – Um 12 Uhr.
– Am Morgen.
– Am Montag.
– In der Nacht.
– Von Montag bis Freitag.

5 Wendungen

Wie spät ist es? / Wie viel Uhr ist es? – Es ist 2 Uhr.

Wann hast du Vorlesungen? – Um 2 Uhr. / Von 9 bis 13 Uhr.

Sabine steht um 7 Uhr auf.
Sie fährt um 9 Uhr morgens zur Uni.
Sie kommt um 6 Uhr abends wieder nach Hause.

Hast du Zeit? – Ja, ich habe Zeit.
– Nein, ich habe keine Zeit.

Tut mir leid.
Schade.

E Übungen

1 Ergänzen Sie.

	formell		*informell*
a.	sechs Uhr fünf	6:05	________
b.	sechzehn Uhr dreißig	____	________
c.	zwei Uhr fünfzehn	____	________
d.	________	13:00	________
e.	________	14:55	________
f.	________	15:45	________
g.	________	9:30	________
h.	________	11:25	________
i.	________	20:10	________

2 Antworten Sie.

a. Stehen Sie früh auf? – Ja, ________________.
Nein, ________________.

b. Räumen Sie gern auf? – Ja, ________________.
Nein, ________________.

c. Sehen Sie gern fern? – Ja, ________________.
Nein, ________________.

d. Lesen Sie nicht gern? – Doch, ________________.
Nein, ________________.

e. Schwimmen Sie nicht gern? – Doch, ________________.
Nein, ________________.

3 Ergänzen Sie.

a. Wie ______ ist es? – Es ist ein Uhr.
b. Wann kommt der Zug an? – Er kommt ______ 8.53 Uhr an.
c. Wann habt ihr morgen Vorlesungen? – Von 9 ______ 11 Uhr.
d. Viertel ______ eins ist 1.15 Uhr.
Stimmt das? – Ja, richtig.

4 Das ist der Tagesablauf von Sabine. Ergänzen Sie.

Mein Tag

7:00	aufstehen	5:00	einen Computerkurs besuchen
10:00	zur Uni gehen	7:00	nach Hause fahren
12:30	zu Mittag essen	8:00	Hausaufgaben machen
2:00 – 3:15	eine Vorlesung haben	11:00	ins Bett gehen

Sabine ______ um 7 Uhr ______.
______ 10 Uhr ______ sie zur Uni.
Sie ______ ______ 12.30 Uhr zu Mittag.
Dann ______ sie eine Vorlesung. Die Vorlesung dauert ______ 2 Uhr ______ 3.15 Uhr.
Um 5 Uhr ______ sie einen Computerkurs. Sie ______ um 7 Uhr nach Hause.
Sie ______ noch Hausaufgaben.
Um 11 Uhr ______ sie ins Bett.

5 Hören Sie und schreiben Sie.

43

a. Der Zug ______ um 12 Uhr in Berlin ______.
b. Er ______ mich jeden Tag ______.
c. Sie ______ heute Abend ______.
d. Heute ______ ich etwas ______.

6 Ergänzen Sie.

a.

Hallo Petra, _______ du
_______ Sonntag Zeit?
_______ 3 Uhr _______ ich
mit Peter ins Kino.
Komm____ du _______?
Stefan

b.

Hallo Stefan!
Tut _______ _______,
ich _______ _______ *Sonntag keine Zeit.*
Da besuche ich meine Eltern.
Ich _______ *mit ihnen schwimmen.*
Schade.
Petra

7 Bilden Sie Sätze.

a. fernsehen - ich - heute Abend - .

Heute Abend sehe ich fern. / Ich sehe heute Abend fern.

b. du - um sieben Uhr - aufstehen - ?

_______________________________________?

c. am Morgen - aufmachen - das Fenster - er - .

_______________________________________.

d. am Abend - anrufen - sie (*Sg.*) - ihre Eltern - .

_______________________________________.

e. wann - der Zug nach Berlin - abfahren - ?

_______________________________________?

f. einkaufen - ich - in diesem Kaufhaus - gern - nicht - .

_______________________________________.

g. sie (*Sg.*) - ihr Zimmer - samstags - aufräumen - ?

_______________________________________?

h. wir - am Samstag - ankommen - in Deutschland - .

_______________________________________.

Hörtexte

Glossar

Lösungen

Hörtexte

Lektion 1

8 **E.8**

Guten Abend! Tag! Auf Wiedersehen! Gute Nacht!

9 **E.9**

a. Müller b. Schmidt c. Meyer d. Beethoven e. Goethe

Lektion 2

14 **E.6**

- ■ Hallo, Thomas!
  Wie ist deine Telefonnummer?
- ● Meine Telefonnummer?
  Moment ... 42 13 59 80
- ■ Wie bitte?
- ● 4-2-1-3-5-9-8-0
- ■ Danke.

Lektion 5

22 B.5

Kellner Guten Tag. Was darf es denn sein?
Gast Die Speisekarte, bitte.
Kellner Möchten Sie zuerst was trinken?
Gast Ein Mineralwasser, bitte.
(Pause)
Kellner So, einmal Mineralwasser. Bitte schön. Und was hätten Sie gern?
Gast Ich hätte gern den Schweinebraten.
Und als Nachspeise nehme ich ein Eis.
Kellner Danke schön, kommt sofort!

23 D.6

a. Was darf es denn sein? – Einen Apfelsaft, bitte.
b. Möchtest du Tee? – Ja, gern.
c. Was bezahlen Sie? – Ich bezahle den Kaffee.
d. Meine Familie isst gern Pizza.
e. Die Übung ist nicht schwer.

Lektion 6

27 B.4

■ Guten Tag!
● Guten Tag! Sie wünschen?
■ Ich hätte gern Schinken.
● Und wie viel?
■ Ein Pfund, bitte.
● Haben Sie noch einen Wunsch?
■ Ja, ich möchte noch 100 g Käse.
● Sonst noch etwas?

- ■ Was kostet das Brot?
- ● Ein Kilo kostet 3,80 Euro.
- ■ Dann bitte ein Pfund.
- ● Noch etwas?
- ■ Nein, danke. Das ist alles.
- ● Das macht zusammen 5,80 Euro.
- ■ Hier sind 10 Euro, bitte sehr!
- ● Und 4,20 Euro zurück.
- ■ Auf Wiedersehen.
- ● Auf Wiedersehen.

28 **D.2**

Sehr geehrte Kunden!
Heute haben wir für Sie im Angebot:
einen Becher Joghurt für nur 28 Cent,
eine Packung Milch nur 80 Cent,
eine Flasche Bier heute für nur 99 Cent.
Aus unserer Fleisch- und Wursttheke:
Rindersteak für 2,99 Euro,
100g Schinken für 50 Cent.
Wir wünschen Ihnen einen guten Einkauf!

Lektion 7

30 **B.4**

- ■ Guten Tag! Was kann ich für Sie tun?
- ● Guten Tag! Wo finde ich Jogginganzüge?
- ■ Jogginganzüge? Die finden Sie im 2. Stock. Da ist unsere Sportabteilung.
- ● Danke!
  (Die Kundin geht nach oben und findet die Sportabteilung.)
- ■ Guten Tag! Kann ich Ihnen helfen?

- Ja! Ich suche einen Jogginganzug.
- Wie finden Sie den hier?
- Den finde ich sehr schön. Darf ich den mal anprobieren?
- Selbstverständlich! Die Umkleidekabinen sind da hinten.
- Der passt mir sehr gut. Hm … aber er kostet 97 Euro.

32 **E.6**

a. Gefällt Ihnen das Handy?

b. Der Mantel gehört mir, das ist mein Mantel.

c. Die Mütze gefällt mir sehr gut.

d. Was kann ich für Sie tun?

Lektion 8

35 **B.3**

Am Donnerstag meist bewölkt und viel Regen in Ost- und Süddeutschland bei 5 bis 12 Grad. Im Westen Sonnenschein bei 9 bis 14 Grad, am Freitag überall sonnig und nicht mehr windig.

36 **E.5**

a. Heute ist es sonnig.
b. Im Winter schneit es.
c. Sie lernt in der Schule.
d. Er macht Sport.
e. Die Sonne scheint.
f. Ihr wisst das schon.
g. Das schmeckt gut.
h. Das Kleid passt mir gut.
i. Er geht gern spazieren.
j. Ich esse gern Pizza.
k. Ich gehe schwimmen.
l. Er weiß das.

Lektion 9

37 **B.5**

Anja Oh nein, das kann doch nicht wahr sein! Gerade jetzt!

Max Was ist denn?

Anja	Ich muss jetzt los. Ich habe heute eine Präsentation. Aber ich kann den Autoschlüssel nicht finden.
Max	Ist er denn nicht im Arbeitszimmer auf dem Schreibtisch?
Anja	Nein, da ist er nicht.
Max	Dann liegt er bestimmt irgendwo im Wohnzimmer. Vielleicht auf dem Sofa?
Anja	Nein, dort ist er auch nicht.
Max	Vielleicht ist der Autoschlüssel in der Küche.
Anja	Nein nein, da auch nicht. Er ist auch nicht im Schlafzimmer. Kannst du mir bitte beim Suchen helfen?
Max	Kein Problem, ich helfe dir. Hier, ich habe ihn schon! Er liegt unter der Zeitung.
Anja	Vielen vielen Dank! Du bist meine Rettung. Tschüs, bis später!
Max	Tschüs und viel Glück!

Lektion 10

43 **E.5**

a. Der Zug kommt um 12 Uhr in Berlin an.

b. Er ruft mich jeden Tag an.

c. Sie geht heute Abend aus.

d. Heute habe ich etwas vor.

Glossar

A

Abend, der –e	저녁
abends	저녁에
aber	그러나, 그런데
ab • fahren	출발하다
ab • schaffen	폐지하다, 없애다
Abschied, der –e	작별
Adresse, die –n	주소
ah	아(감탄사)
Akkusativ, der	4격, 목적격
alles	전부, 모두
Alpen, die (*Pl.*)	알프스 산맥
Alphabet, das –e	알파벳
alt	나이 든, 낡은
Alter, das –	나이, 연령
altmodisch	구식의, 유행에 뒤떨어진
Ampel, die –n	신호등
Ampelfrau, die –en	신호등 여자 심볼
Ampelmännchen, das –	신호등 남자 심볼
Ampelsymbol, das –e	신호등 심볼
an	…의 곁/가에, …에 접하여
anders	다르게
angenehm	쾌적한, 호감이 가는
Angestellte, der –n / ein Angestellter	직장인, 피고용인(남성)
Angestellte, die –n / eine Angestellte	직장인, 피고용인(여성)

an • kommen	도착하다
an • kreuzen	×표 하다, 가위표하다
an • probieren	입어보다
an • rufen	전화를 걸다, 통화하다
anschließend	이어서
an • sehen	보다
Antwort, die –en	대답
antworten	대답하다
Anzug, der ¨–e	양복
Apfel, der ¨–	사과
Apfelkuchen, der –	사과 케이크
Apfelsaft, der ¨–e	사과 주스
Appetit, der	식욕
Arbeit, die –en	일, 작업, 연구
arbeiten	일하다
Arbeitszimmer, das –	서재, 공부방
Armband, das ¨–er	팔찌
Armbanduhr, die –en	손목시계
Artikel, der –	관사
Arzt, der ¨–e	의사(남성)
Ärztin, die –nen	의사(여성)
attraktiv	매력적인
auch	또한, 역시
auf	… 위에
Auflauf, der	그라탕
auf • räumen	청소하다
auf • schreiben	적다, 기입하다
auf • stehen	일어나다

Aufseher, der –	감시인, 감독관
aus	…로부터, …에서
Ausflug, der ⸚e	소풍
Auto, das –s	자동차
Autoschlüssel, der –	자동차 열쇠

B

Bäcker, der –	제빵사(남성)
Bäckerei, die –en	빵집
Bad, das ⸚er	(욕조가 있는) 욕실
Badehose, die –n	수영복
Bahnhof, der	기차역
bald	곧, 금방
Balkon, der –e	발코니
Banane, die –n	바나나
Bank, die –en	은행
Bankkauffrau, die –en	은행원(여성)
Becher, der –	(포장 단위) 통, 컵
Begrüßung, die –en	인사, 인사말
bei	…에서, … 옆에
beide	둘 다, 양쪽의
Beispiel, das –e	예, 보기
bekannt	유명한, 알려진
benutzen	사용하다
bequem	편(안)한
berichten	보고하다
Beruf, der –e	직업
beruflich	직업상의
beschreiben	묘사하다, 기술하다, 서술하다
bestellen	주문하다
bestimmt	분명히, 틀림없이
besuchen	방문하다
Betonung, die –en	강세
Bett, das –en	침대
bewölkt	구름 낀
bewundern	경탄하다
bezahlen	지불하다, 계산하다
Bibliothek, die –en	도서관
Bier, das –e	맥주
Bild, das –er	그림, 사진
bilden	만들다, 구성하다
billig	(값이) 싼
Bingospiel, das –e	빙고게임
bis	…까지
bitte	제발, 아무쪼록
blau	파란
bleiben	있다, 머물다
Bluse, die –n	블라우스
Bodensee, der	보덴제(독일과 스위스 경계에 위치한 호수)
Braten, der –	(오븐에 구운) 고기 요리
Bratwurst, die ⸚e	구운 소시지
brauchen	…이 필요하다
braun	갈색의
breit	넓은
Brille, die –n	안경
Brot, das –e	(큰 덩어리) 빵
Brötchen, das –	(낱개의 작고 겉이 딱딱한) 빵
Bruder, der ⸚	남자 형제
Buch, das ⸚er	책
Bücherregal, das –e	책장
Buchladen, der ⸚	서점, 책방
Bürgerinitiative, die –n	시민운동
Bus, der –se	버스
Butter, die	버터

C

Café, das –s	카페
CD, die –s	CD
Cent, der	센트
Chemie, die	화학
Chinese, der –n	중국인(남성)
Chinesin, die –nen	중국인(여성)
Chor, der ⸚e	합창단
circa (= ca.)	대략, 약
Cola, die –s	콜라
Comic, der –s	만화책
Computer, der –	컴퓨터

Computerkurs, der –e	컴퓨터 강좌
Currywurst, die ¨–e	카레 소시지

D

da	그때, 거기서, 거기에, 저기에
Damenmode, die –n	여성 의류
danach	그러고 나서
dankbar	감사하고 있는
danken	감사하다
dann	그 다음에, 그럼
das	그, 이, 저, 그것, 이것, 저것
Dativ, der	3격, 여격
Dativobjekt, das –e	3격 목적어
Datum, das –ten	날짜
Dauer, die	기간, 기한
dauern	시간이 걸리다, 지속되다, 계속되다
DDR (= Deutsche Demokratische Republik), die	구동독
definit	정해진
dein	너의
Demonstrativpronomen, das –	지시대명사
denn	도대체
Designer, der –	디자이너(남성)
Deutschbuch, das ¨–er	독일어 책
Deutsche, der –n / ein Deutscher	독일인(남성)
Deutsche, die –n / eine Deutsche	독일인(여성)
Deutschkurs, der –e	독일어 강좌
Deutschland	독일
Deutschlehrerin, die –nen	독일어 선생님(여성)
Dezember, der	12월
Dialog, der –e	대화
Dienstag, der –e	화요일
dieser/diese/dieses	이…
Diplom, das –e	대학졸업 학위
doch	천만에요(부정 의문문에 대한 긍정 대답), 절대로
Donnerstag, der –e	목요일
dort	거기에, 그곳에, 거기에서, 그곳에서
Dose, die –n	깡통, 캔
dritt–	세 번째의
du	너
dunkel	어두운
dunkelblau	진한 파란색의, 남색의
durch	…을 통과하여, …을 가로질러
dürfen	해도 좋다, 해도 된다
Durst, der	갈증
durstig	목마른
duschen	샤워하다

E

Ei, das –er	계란
ein	하나의, 어떤(부정관사)
einfach	간단한, 쉬운, 편도로
ein•kaufen	장 보다, 쇼핑하다
Einkaufszettel, der –	쇼핑 목록
einmal	한번, 한차례
Einsatz, der ¨–e	투입, 부착
Eis, das	아이스크림
Eiskaffee, der –s	냉커피
Elektronik, die –en	전자제품
Eltern die (*Pl.*)	부모
E-Mail, die –s	이메일
E-Mail-Adresse, die –n	이메일 주소
empfehlen	추천하다
endlich	마침내
England	영국
Enkelkind, das –er	손자 또는 손녀
Enkelsohn, der ¨–e	손자
Enkeltochter, die ¨–	손녀
entschuldigen	용서하다
er	그
Erdbeerkuchen, der –	딸기 케이크
Erdgeschoss, das	1층
erfinden	고안하다, 발명하다

ergänzen	채워 넣다, 보충하다
erklären	설명하다
erst-	첫 번째의
erzählen	이야기하다
Erzählung, die -en	짧은 이야기
es	그것
essen	먹다
Essen, das	음식, 식사
Esstisch, der -e	식탁
etwas	(어떤) 것, 무언가
euer	너희들의
Euro, der	유로
europäisch	유럽의
Experiment, das -e	실험
extra	별도로

F

Fahrrad, das ⸚er	자전거
Fahrt, die -en	(차량) 타고 감, 운행
Familie, die -n	가족
Familienname, der -n	성
Farbe, die -n	색, 색깔
Faxgerät, das -e	팩스기
Februar, der	2월
feiern	축하하다
Ferien, die (*Pl.*)	방학
fern•sehen	텔레비전을 보다, TV를 시청하다
Fernseher, der -	텔레비전
Fernsehturm, der ⸚e	텔레비전 방송 송신탑
Film, der -e	영화
Filmmuseum, das -seen	영화 박물관
finden	발견하다, 찾다, …라고 생각하다
Fisch, der -e	생선
Flasche, die -n	병, 유리병
Fleisch, das	고기, 육류
fließen	흐르다
Flohmarkt, der ⸚e	벼룩시장
Flugbegleiterin, die -nen	스튜어디스
Flugzeug, das -e	비행기
Flur, der -e	복도, 마루
Fluss, der ⸚e	강
Forelle, die -n	송어
Form, die -en	형태
formell	공식적인
Foto, das -s	사진
fotografieren	사진 찍다
Frage, die -n	질문
fragen	묻다, 질문하다
Frankreich	프랑스
Frau, die -en	… 씨(여성), 여자, 아내
Freitag, der -e	금요일
Freizeit, die -en	여가시간
Freund, der -e	친구(남성)
Freundin, die -nen	친구(여성)
Friseur, der -e	미용사, 이발사(남성)
früh	이른, 일찍
Frühling, der -e	봄
frühstücken	아침식사를 하다
fünft-	다섯 번째의
für	…를 위하여
Fuß, der ⸚e	발
Fußball, der ⸚e	축구
Fußballspieler, der -	축구 선수(남성)

G

ganz	아주, 전적으로
Garten, der ⸚	정원
Gartenstuhl, der ⸚e	정원용 의자
Gast, der ⸚e	손님
geben	주다
Geburtstag, der -e	생일
gefallen	…의 마음에 들다
gegen	…쯤, …경에
gehen	가다
gelb	노란
Gemüse, das -	야채
Gemüsesuppe, die -n	야채 스프
gemütlich	아늑한, 기분 좋은

gerade	방금, 이제 막, 하필
Gericht, das −e	음식
Germanistik, die	독어독문학
gern(e)	즐겨, 기꺼이
Geschäftsfrau, die −en	사업가(여성)
Geschäftsmann, der ¨−er	사업가(남성)
Geschenk, das −e	선물
Geschwister, die (*Pl.*)	형제자매
Gesicht, das −er	얼굴
gestern	어저께
Gesundheitscheck, der	건강검진
Getränk, das −e	음료
getrennt	따로, 각자
Gewitter, das −	뇌우
glauben	…라고 생각하다
Gleis, das −e	선로
Glück, das	행복, 행운
glücklich	행복한
golden	황금의
Gouda, der −s	가우다 치즈(네덜란드의 지명을 딴 치즈 종류)
Grad, der −e	(온)도, 정도
Gramm, das	그램(g)
Grammatik, die	문법
grau	회색의
Grillparty, die −s	그릴 파티
groß	큰
Größe, die −n	크기
Großmutter, die ¨−	할머니
Großvater, der ¨−	할아버지
grün	초록
günstig	저렴하게
gut	좋은
Gymnasium, das −sien	김나지움, 인문계 중고등 통합학교

H

haben	가지고 있다
Hähnchen, das −	통닭
halb	2분의 1, 30분
Hallo	안녕(만날 때 인사말)
Haltestelle, die −n	정류장
Handschuh, der −e	장갑(주로 복수형으로 쓰임)
Handtasche, die −n	핸드백
Handy, das −s	핸드폰
Handynummer, die −n	핸드폰 번호
hässlich	추한, 못생긴
häufig	자주, 종종
Hauptbahnhof, der	중앙역
Hauptsatz, der ¨−e	주문장
Hauptstadt, die ¨−e	수도
Haus, das ¨−er	집(주택)
Hausaufgabe, die −n	숙제, 과제
Hausfrau, die −en	가정주부(여성)
Haushaltsware, die −n	가사용품
Hausmann, der ¨−er	가사를 돌보는 남자
heiß	뜨거운, 더운
heißen	…라고 불리다, 이름이 …이다
helfen	…을 돕다
hell	밝은
hellblau	연한 파란색의, 하늘색의
Hemd, das −en	남방셔츠
Herbst, der −e	가을
Herr, der −en	… 씨(남성), 신사
Herrenmode, die −n	남성 의류
heute	오늘
hier	여기에, 이곳에
Hilfe, die −n	도움
hin und zurück	왕복으로
hinein･gehen	들어가다
hin･fahren	…로 가다
hinten	뒤(쪽)에
hinter	… 뒤에(서)
Hobby, das −s	취미
hören	듣다
Hose, die −n	바지
Hotelangestellte, der −n	호텔 직원
Hotelgast, der ¨−e	호텔 손님
hübsch	예쁜, 귀여운
Hund, der −e	개

Hunger, der 배고픔
hungern 굶다, 단식하다
Hungern, das 단식
hungrig 배고픈
Hut, der ⸚e (챙이 있는) 모자

I

ICE (= Inter City Express) 독일의 주요 도시들을 운행하는 고속열차
ich 나
Idee, die –n 아이디어, 생각
ihr 너희들의/그녀의/그들의
Ihr 당신의, 당신들의
immer 항상
in …에, …의 안에
indefinit 정해지지 않은
informell 비공식적인
Ingenieur, der –e 기술자(남성)
Ingenieurin, die –nen 기술자(여성)
Inline-Skate, der –s 인라인 스케이트
Insel, die –n 섬
interessant 흥미로운
international 국제적인, 세계적인
Interview, das –s 인터뷰
irgendwo 어딘가에
Italien 이탈리아

J

ja 예
Jacke, die –n 재킷
Jackentasche, die –n 재킷 주머니
Jahr, das –e 년, 해, 연도
Jahreszeit, die –en 계절
Japan 일본
Japaner, der – 일본인(남성)
Japanerin, die –nen 일본인(여성)
Jeanshemd, das -en 청남방
jeden 매…, 모든, 각각의
jetzt 지금
Job, der –s 일, 아르바이트
Jogginganzug, der ⸚e 조깅복
Joghurt, der –s 요구르트
Journalist, der –en 언론인, 기자(남성)
Journalistin, die –nen 언론인, 기자(여성)
Juli, der 7월
jung 젊은
Juni, der 6월

K

Kaffee, der –s 커피
kalt 찬, 추운
Karriere, die –n 성공, 출세
Kartoffel, die –n 감자
Kartoffelauflauf, der 감자 그라탕
Kartoffelsalat, der –e 감자 샐러드
Käse, der 치즈
Käsebrot, das –e 치즈 넣은 빵
Käsekuchen, der – 치즈 케이크
Kasse, die –n 계산대
Katze, die –n 고양이
Kaufhaus, das ⸚er 백화점
kein …없는, 아닌(명사의 부정)
Kellner, der – 웨이터
kennen 알다, …와 아는 사이다
Kilo, das 킬로그램(kg)
Kind, das –er 자녀, 어린이
Kinderbett, das –en 어린이용 침대
Kino, das –s 영화관
Kirche, die –n 교회
Kissen, das – 쿠션
Kiste, die –n 상자
Klavier, das –e 피아노
Kleid, das –er 원피스
Kleiderschrank, der ⸚e 옷장
Kleidungsstück, das –e 옷
klein 작은
klingeln 울리다
kochen 요리하다
kommen 오다

können	할 수 있다
Konsonant, der –en	자음
Konzert, das -e	음악회
Korea	한국
Koreaner, der –	한국인(남성)
Koreanerin, die –nen	한국인(여성)
korrigieren	수정하다
Kosmetik, die –a	화장품
kosten	(가격이) …이다
Kräuterbutter, die	허브를 넣어 만든 버터
Küche, die –n	부엌
Kuchen, der –	케이크
kühl	시원한
Kühlschrank, der ¨–e	냉장고
Kultfigur, die –en	컬트 캐릭터
Kunde, der –n	고객, 손님(남성)
Kundin, die –nen	고객, 손님(여성)
Kunstgeschichte, die	미술사
Künstler, der –	예술가
Kurs, der –e	강좌, 수업

L

Laden, der ¨–	가게
Lampe, die –n	전등
Land, das ¨–er	국가, 땅
Landschaft, die –en	풍경, 경치
lange	오랫동안
laufen	달리다, 걷다, 타다
laut	시끄러운
Leben, das	생활, 생명, 삶
Lebensmittel, das	식료품
Lebensmittelladen, der ¨–	식료품가게
lecker	맛있는
Ledersofa, das –s	가죽 소파
ledig	미혼인
legen	놓다
Lehrer, der –	선생님(남성)
Lehrerin, die –nen	선생님(여성)
leid • tun	유감스럽게 여기다
leider	유감스럽게도
leise	조용히, 낮은 소리로
lernen	배우다, 공부하다
lesen	읽다
letzt–	지난, 최근의
Leute, die (*Pl.*)	사람들
lieben	사랑하다
Lieblings–	가장 좋아하는(음식, 물건, 사람 등)
Lieblingsessen, das –	좋아하는 음식
Lieblingsgetränk, das –e	좋아하는 음료
liegen	놓여 있다, 누워 있다
Liter, der –	리터
los	출발하는, 떠나는
Lücke, die –n	틈, 빈 칸
lügen	거짓말하다
Lust, die ¨–e	…하고 싶은 마음, 흥미

M

machen	하다, 만들다
Mädchen, das –	소녀, 처녀
Mai, der	5월
malen	그림 그리다
Maler, der –	화가(남성)
Malerin, die –nen	화가(여성)
manchmal	때때로, 이따금
Mann, der ¨–er	남자, 남편
Männchen, das –	작은 남자
Mantel, der ¨–	외투
markieren	표시하다
Markt, der ¨–e	시장
März, der	3월
Maßangabe, die –n	도량 단위(척도)
Meer, das –e	바다, 대양
mehr	더 많이
mein	나의
meist	최대의, 가장 많이
meistens	보통은, 대개는
Mengenangabe, die –e	수량 표시
Mensa, die –sen	학생 식당
Milch, die	우유

Milchkaffee, der –s	카페 라떼
Milchtee, der –s	밀크티
Million, die –en	백만
Mineralwasser, das	생수
minus	마이너스, 영하의
mit	…와 함께
Mitbringsel, das –	여행 선물
mit·kommen	함께 가다
mit·machen	함께 하다
Mittag, der –e	정오, 대낮
Mittwoch, der –e	수요일
möchten	…하고 싶다, 원하다
Modalverb, das –en	조동사
modern	현대적인
mögen	좋아하다
Monat, der –e	달
Montag, der –e	월요일
Morgen, der –	아침
morgen	내일
morgens	아침에
Motorrad, das ¨–er	오토바이
MP3-Player, der	MP3
müde	피곤한
Museum, das –seen	박물관
Musiker, der –	음악가(남성)
Musikerin, die –nen	음악가(여성)
müssen	해야만 하다
Mutter, die ¨–	어머니
Mütze, die –n	(챙이 없는) 모자

N

nach	…의 쪽으로, …을 향해서, …의 다음에, … 후에
Nachbar, der –n	이웃
nach·sprechen	따라 말하다
Nachmittag, der –e	오후
nachmittags	오후에
Nachspeise, die –n	후식
nächst	바로 다음의, 가장 가까운
Nacht, die ¨–e	밤
Nachtisch, der	후식
Nähe, die	가까운 곳, 근처
Name, der –n	이름
nasskalt	춥고 습한
natürlich	물론, 당연히
Nebel, der –	안개
neben	…의 옆에
Neffe, der –n	조카(남성)
Negation, die –en	부정
Negationsartikel, der –	부정사
nehmen	먹다, 받다, 선택하다, 타다
nein	아니오
nett	친절한, 상냥한
neu	새것인, 새로운
nicht	… 아니다, 않다(동사 또는 형용사의 부정)
Nichte, die –n	조카(여성)
nichts	아무것도 아니다, 아무것도 없다
Niederlande, die (*Pl.*)	네덜란드
noch	아직, 여전히, 더
Nominativ, der	1격, 주격
Norden, der	북, 북쪽
Nordsee, die	북해
Notiz, die –en	메모
November, der	11월
nun	자
nur	오직, 단지

O

Obstkuchen, der –	과일 케이크
oder	혹은, 또는
oft	자주
ohne	… 없이
Oktober, der –	10월
Oma, die –s	할머니
Onkel, der –	큰/작은아버지, 외삼촌, 고모부, 이모부, 아저씨
Opa, der –s	할아버지
Oper, die –n	오페라

orange	주황색의, 오렌지색의
Orange, die –n	오렌지
Orangensaft, der ⸚e	오렌지 주스
Ordnung, die –en	배열, 정리, 정돈
Ost-Ampelmännchen, das –	(구)동독의 신호등 남자 심볼
Ost-Berlin	동베를린
Ostdeutschland	(구)동독, 동부 독일
Osten, der	동, 동쪽
Österreich	오스트리아
Ostsee, die	동해

P

Packung, die –en	(포장 단위) 팩
Park, der –s	공원
parken	주차하다
Partner, der –	파트너(남성)
Partnerin, die –nen	파트너(여성)
Party, die –s	파티
passen	…에게 맞다, 어울리다
passend	알맞은, 적당한
Pelzmantel, der ⸚	모피 외투
per	…로, …에 의해
Perfekt, das	현재완료형
Person, die –en	사람
Personalpronomen, der –nomina	인칭대명사
Pfirsich, der –e	복숭아
Pfund, das	파운드
Physiker, der –	물리학자
Pizza, die –s	피자
Platz, der ⸚e	자리, 좌석
Polen	폴란드
Polizist, der –en	경찰(관) (남성)
Pommes frites, die (*Pl.*)	감자튀김
Position, die –en	위치
Possessivartikel, der –	소유관사
Post, die	우체국
praktisch	실용적인
Präposition, die –en	전치사
Präsentation, die –en	프레젠테이션
Präteritum, das	과거형
Preis, der –e	가격
Preisangabe, die –e	가격 표시
Problem, das –e	문제
Professor, der –en	대학 교수
prost	건배
Prüfung, die –en	시험
Publikum, das –ka	청중, 관객
Pullover, der –	스웨터
pünktlich	시간을 엄수하는, 정확한

R

Radio, das –s	라디오
rauchen	담배를 피우다
Rechnung, die –en	계산서
Regal, das –e	선반, 책장
Regen, der –	비
Regenbogen, der	무지개
Regenzeit, die –en	우기
regnen	비가 오다
reservieren	예약하다
Restaurant, das –s	레스토랑, 식당
retten	구하다, 구출하다
Rettung, die –en	구조, 구출
richtig	맞는, 옳은
Rindfleisch, das	소고기
Rock, der ⸚e	치마
Rollenspiel, das –e	역할극
rosa	분홍색의
rot	빨간
ruhig	조용한

S

Saft, der ⸚e	주스
sagen	말하다
Salat, der –e	샐러드
Samstag, der –e	토요일
Sänger, der –	가수(남성)

Satz, der ¨-e 문장
Satzmelodie, die -n 문장 억양
sauber 깨끗한
Schach, der -e 체스
schade 유감스러운, 애석한
Schalter, der - 창구, 매표소
Schauspieler, der - 배우(남성)
Schauspielerin, die -nen 배우(여성)
Schein, der -e 지폐
scheinen 해가 나다, 해가 비치다
schenken 선물하다
schicken 보내다
Schinken, der 햄
Schinkenbrot, das -e 햄을 넣은 빵
schlafen 잠자다, 자다
Schlafzimmer, das - 침실
schmal 좁은
schmecken 맛있다, …한 맛이 나다
schmutzig 더러운, 지저분한
Schnee, der 눈
schneien 눈이 오다
Schnitzel, das - (독일식) 돈까스
Schokolade, die -n 초콜릿
Schokoladenkuchen, der - 초콜릿 케이크
schon 이미, 벌써
schön 예쁜, 아름다운, 좋은
Schrank, der ¨-e 장(롱)
schreiben (글로) 쓰다
Schreibtisch, der -e 책상
Schriftstellerin, die -nen 작가(여성)
Schuh, der -e 신발(주로 복수형으로 쓰임)
Schule, die -n 학교
Schüler, der - 학생(남성)
Schülerin, die -nen 학생(여성)
Schwager, der ¨- 배우자의 남자 형제, 여자 형제의 남편
Schwägerin, die -nen 배우자의 여자 형제, 남자 형제의 부인
schwarz 까만
Schweinebraten, der - 돼지고기 구이
Schweinefleisch, das 돼지고기
Schweiz, die 스위스
schwer 어려운
Schwester, die -n 여자 형제
Schwiegereltern, die (*Pl.*) 시부모, 장인장모
Schwiegermutter, die ¨- 시어머니, 장모
Schwiegersohn, der ¨-e 사위
Schwiegertochter, die ¨- 며느리
Schwiegervater, der ¨- 시아버지, 장인
Schwimmbrille, die -n 물안경
Schwimmen, das 수영
sehr 매우, 아주
sein 그의/그것의
sein … (이)다, …에 있다
Sekt, der -e 샴페인
selbstverständlich 당연한
September, der 9월
Sessel, der - 안락의자
sie 그녀/그들
Sie 당신, 당신들
singen 노래 부르다
Ski, der -er 스키
SMS, die - 문자 메시지
so 그렇게, 그런
Socke, die -n 양말(주로 복수형으로 쓰임)
Sofa, das -s 소파
sofort 즉시, 금방
Sohn, der ¨-e 아들
sollen 당연히 …해야 한다, …라고 한다
Sommer, der - 여름
Sonderangebot, das -e 세일 상품
Sonnabend, der -e 토요일
Sonne, die -n 해, 태양
Sonnenbrille, die -n 선글라스
sonnig 해가 나는
Sonntag, der -e 일요일
sonst 그밖에
sortieren 분류하다
Spaghetti, die (*Pl.*) 스파게티

Spanien	스페인
spät	늦은
später	나중에
spazieren	산책하다
Spaziergang, der	산책
Speise, die –n	음식
Speisekarte, die –n	메뉴판
spielen	놀다, 연기하다, 연주하다
Sport, der –e	운동, 스포츠
Sportabteilung, die –en	스포츠용품부
sprechen	말하다
Stadt, die ⸚e	도시
Stadttheater, das –	시립 극장
Stammbaum, der ⸚e	가계도
stehen	서 있다, 서다
stehlen	훔치다
stellen	세우다
Stereoanlage, die –n	오디오
Stiefel, der –	부츠, 장화(주로 복수형으로 쓰임)
stimmen	맞다
Stock, der Stockwerke	층
Straße, die –n	길, 거리, 도로
Straßenbahn, die, –en	전차
Stück, das –e	조각
Student, der –en	대학생(남성)
Studentenwohnheim, das	대학생 기숙사
Studentin, die –nen	대학생(여성)
studieren	대학에서 …을 전공하다, 대학에서 공부하다
Stuhl, der ⸚e	의자
Suche, die –n	찾기, 탐색
suchen	찾다, 구하다
Süden, der	남, 남쪽
super	최상의, 아주 좋은
Suppe, die –n	수프, 국

T

Tag, der –e	낮, 하루
Tagesablauf, der ⸚e	하루 일과, 하루 일정
täglich	매일
Tante, die –n	큰/작은어머니, 외숙모, 고모, 이모, 아줌마
Tante-Emma-Laden, der ⸚	(옛날식) 작은 식료품 가게
tanzen	춤추다
Tasche, die –n	가방
Tasse, die –n	잔, 찻잔, 커피잔
Taxi, das –s	택시
Tee, der –s	차
teilweise	부분적으로
Telefon, das –e	전화
Telefonnummer, die –n	전화번호
Temperatur, die –en	온도
temporal	시간적인, 시제의
Tennisball, der ⸚e	테니스공
Teppich, der –e	카펫
Test, der –s	테스트, 시험
Theater, das –	연극, 연극 공연장
Theaterkarte, die –n	연극표
Ticket, das –s	표, 탑승권, 입장권
Tisch, der –e	탁자
Tischlampe, die –n	탁상 스탠드
Tochter, die ⸚	딸
Toilette, die –n	화장실
toll	멋진, 대단히 좋은
Tomate, die –n	토마토
Tomatensaft, der ⸚e	토마토 주스
Topf, der ⸚e	냄비
Torte, –n	케이크(여러 가지 재료로 만든 둥근 모양)
Tourist, der –en	관광객(남성)
tragen	나르다, 운반하다, 입다, 쓰다
Trainingsanzug, der ⸚e	트레이닝복, 운동복
treffen	만나다
treiben	행하다, 하다
trennbar	분리할 수 있는
Treppe, die –n	계단
trinken	(음료를) 마시다
Tschüs	안녕(헤어질 때 하는 인사말)

T-Shirt, das -s	티셔츠
tun	하다, 행하다
Tunnel, der -	터널, 지하도
Turnschuh, der -e	운동화(주로 복수형으로 쓰임)
Typ, der -en	타입, 유형

U

U-Bahn, die, -en	지하철
über	… 위(쪽)에, …에 대하여
übermorgen	모레
übrigens	그밖에, 덧붙여 말하자면, 그것은 그렇다 치고
Übung, die -en	연습문제
Uhr, die -en	시계, 시
Uhrzeit, die -en	시간
um	…(시)에
Umkleidekabine, die -n	탈의실
unbequem	불편한
und	그리고
unglaublich	믿기 힘들 정도로
unglücklich	불행한
Uni, die -s	대학교(Universität의 약어)
unpraktisch	비실용적인
unser	우리들의
unter	… 아래에, … 밑에
Untergeschoss, das	지하층
Urlaub, der -e	휴가
Ursache, die -n	원인, 이유
usw. (= und so weiter)	기타, 등등

V

Vanilleeis, das	바닐라 아이스크림
Vase, die -n	꽃병
Vater, der ¨	아버지
Verabredung, die -en	약속
Veränderung, die -en	변경
Verbkonjugation, die -en	동사 변화
vergleichen	비교하다
verheiratet	기혼인, 결혼한
Verkäufer, der -	상인, 판매원(남성)
Verkäuferin, die -nen	상인, 판매원(여성)
Verkehrspsychologe, der -n	교통 심리학자(남성)
verstehen	이해하다
verwenden	사용하다, 이용하다
viel	많은
vielleicht	아마도, 어쩌면, 혹시
viert-	네 번째의
Viertel, das -	4분의 1, 15분
violett	보라색의
Vokal, der -e	모음
Vokalwechsel, der -	모음 변화
von	…의, …에 속하는
vor	… 앞에(서), … 전에
vorgestern	그저께
vor•haben	…을 할 생각이다, 계획이다
vorher	그전에, 이전에, 미리
vorn(e)	앞(쪽)에
vor•stellen	소개하다
Vorlesung, die -en	강의
Vormittag, der -e	오전
vormittags	오전에
Vorname, der -n	이름

W

wahr	정말인, 사실인
Wand, die ¨e	벽
wandern	등반하다, 걷다
warm	따뜻한
Wäsche, die	빨래
waschen	(빨래를) 빨다
was	무엇이, 무엇을
wechselhaft	변덕스러운
Wecker, der -	알람시계
Wein, der -e	포도주
weiß	흰
weit	먼, 넓은
welch	어느, 어떤

Wendung, die –en	숙어
wer	누구, 누가
werden	되다
Westen, der	서, 서쪽
Wetter, das –	날씨
Wetterbericht, der –	기상보도, 일기예보
Wettervorhersage, die –n	일기예보
wie	어떻게, …처럼
wie viel	얼마나
wieder	다시
Wiedersehen, das –	다시 만남
Wiedervereinigung, die -en	(재)통일
Wind, der –e	바람
windig	바람이 부는
Winter, der –	겨울
wir	우리
wirklich	정말
wissen	알다
wo	어디에
Woche, die –n	주
Wochenende, das –n	주말
Wochentag, der –e	요일
woher	어디에서, 어디로부터
wohin	어디로
wohnen	살다, 거주하다
Wohnort, der –e	거주지
Wohnung, die –en	집
Wohnzimmer, das –	거실
Wolke, die –n	구름
wollen	원하다
Wort, das ¨–er	단어
Wortstellung, die –en	어순
Wunsch, der ¨–e	소원, 원하는 것
wünschen	원하다, 소망하다
Wurst, die ¨–e	소시지

Z

Zahl, die –en	숫자
Zahnarzt, der ¨–e	치과 의사(남성)
Zahnärztin, die –nen	치과 의사(여성)
zeichnen	(그림으로) 그리다, 소묘하다
zeigen	보여주다
Zeit, die –en	시간
Zeitung, die –en	신문
Zimmer, das –	방
Zoo, der –s	동물원
Zucker, der	설탕
zuerst	우선, 처음에
Zug, der ¨–e	기차
zu•hören	귀 기울여 듣다
zu•ordnen	부가하다, 병렬시키다
zurück	(거스름돈으로) 돌려주는, 되돌아오는
zusammen	합해서, 함께
zwar	부연하자면
zweit–	두 번째의
Zwiebel, die –n	양파
zwischen	… 사이에(서)

Lösungen

Lektion 1

1. a. Guten Tag! - Guten Tag! b. Gute Nacht! - Gute Nacht! c. Tschüs! - Tschüs! d. Guten Morgen! - Guten Morgen!
2. Schmidt, Thomas
3. a. Mein Name ist Andrea. Und wie heißt du? b. Ich heiße Michael. c. Mein Name ist Minho Kim. d. Guten Abend, wie geht es Ihnen? e. Danke, gut. Und Ihnen?
4. a. Wie heißt du? - Ich heiße Klaus. b. Ich heiße Daniel Keller. Und Sie? - Jürgens, Udo Jürgens. c. Ich heiße Doris Beckmann. Wie ist Ihr Name? - Mein Name ist Peter Bildhauer. d. Wie geht es dir? - Danke, gut. Und dir?
5. a. Wie heißen Sie? b. Ich heiße Thomas. c. Ich heiße Thomas Weber. / Ich heiße Leonie. d. Mein Familienname ist Lee. e. Ich bin Leonie. / Ich bin Thomas Weber.
6. a. Mein Vorname ist Sandra. b. Wie heißt du? c. Wie ist Ihr Name? d. Wie geht es Ihnen? e. Ich heiße Minho.
7. a. Wie heißen Sie ?↘ Ich heiße Ina Zimmermann.↘ Und wie heißen Sie ?↗ Ich heiße Andreas Müller.↘ b. Wie ist Ihr Name ?↘ Mein Name ist Anna Bauer.↘ Guten Tag, Frau Bauer.↘
8. Guten Abend!; Tag!; Auf Wiedersehen!; Gute Nacht!
9. a. Müller b. Schmidt c. Meyer d. Beethoven e. Goethe

Lektion 2

1. heiße, komme, wohne; heißt, kommt, wohnt; heißt, kommt, wohnt
2. Lösungsvorschlag: Nein, ich heiße Mirim.; Ja, ich komme aus Seoul.; Nein, ich wohne in Berlin.; Ja, ich bin Studentin.; Ich bin 20 Jahre alt.
3. Woher kommst du? - Woher kommst du? - wohne - wohne
4. a. heißen Sie - heiße b. Ihnen - Danke, gut c. bin, heißt du - du d. dir - danke
5. a. heißt - ist b. kommt - kommt c. geht d. ist - ist e. wohnst
6. 4-2-1-3-5-9-8-0
7. Meyer, Nein; Fam**i**lie, Sie, wie; Famil**ie**; Deutschland, neun, Euro

Lektion 3

1. a. Mein Onkel, Mein Großvater, Meine Großmutter, Meine Tante b. meine Kinder, mein Enkelsohn, Schwiegertochter c. ihr, ihre, ihre, ihr d. Mann, sein, seine, Schwägerin
2. Ingenieur, Lehrer, Schauspielerin, Bankkauffrau
3. Er, sie, Sie, sie, Sie, Er
4. a. sind, bin, studiere, machen, arbeite, arbeitet, ist b. Haben, habe c. arbeitest d. Hast
5. a. bin, sind meine b. dein c. ist, ist mein d. seine e. sind meine, mein, meine f. Ihr
6. b. machst du - Ich studiere c. machen Sie - Ich bin d. machen - Sie sind e. macht - Sie ist

Lektion 4

1. altmodisch - modern; praktisch - unpraktisch; neu - alt; billig - teuer; unbequem - bequem; hässlich - schön; klein - groß

2.

m	*f*	*n*
der Gartenstuhl	**die** Armbanduhr	**das** Bücherregal
der Schreibtisch	die Sonnenbrille	das Ledersofa
der Kleiderschrank	die Handtasche	das Kinderbett
	die Tischlampe	

3. einen, eine, ein, einen, einen, ein, einen, ein, ein, eine
4. eine, Die, ein, ein, eine, ein, einen, Das, Das, Die, ein, ein, ein, ein, ein, Der, eine
5. a. nicht b. kein c. keine d. nicht e. kein f. kein g. nicht h. nicht
6. Hallo Tag Tasche Schrank Vase Balkon
   Herr Telefon Bett Lehrer Peter
   Computer Foto Topf dort noch wohnen
   Zimmer Brille billig Ihnen ich
   Uhr Stuhl Butter gut Flur

Lektion 5

1. Wurst und Brötchen, Hähnchen und Pommes frites, Schweinebraten und Salat
2. a. die Gemüsesuppe b. der Milchkaffee c. der Kartoffelsalat d. der Orangensaft e. der Tomatensaft
3. a. ein, einen b. ein c. die d. einen, ein/das e. ein f. das
4. a. kein b. keinen c. kein d. nicht e. keinen f. kein g. kein h. nicht i. nicht
5. a. möchten/nehmen - möchte/nehme b. trinke, trinkt c. essen d. bezahle e. Isst f. Nimmst - nehme
6. a. darf, sein, Apfelsaft b. Möchtest, Tee, gern c. bezahlen, bezahle, Kaffee d. Familie, isst, Pizza e. Übung

Lektion 6

1. Äpfel, Banane, Orangen, Kartoffeln, Eier, Tomaten, Zwiebeln
2. a. Joghurt: 0,28 € b. Bier: 0,99 € c. Schinken: 0,50 €
3. ein Euro siebzehn, ein Euro zehn, fünfundfünfzig Cent, zwölf Euro einundzwanzig, (ein)hundertneunundneunzig Euro, achtundachtzig Euro fünfzig, neununddreißig Euro neunundvierzig, (ein)tausendfünfundzwanzig Euro
4. a. vier Euro neunundneunzig. b. Was kostet ein Brötchen? - Ein Brötchen kostet fünfunddreißig Cent. c. Was kosten zehn Eier? - Zehn Eier kosten zwei Euro neunundvierzig. d. Was kostet ein Kilo Rindfleisch? - Ein Kilo Rindfleisch kostet sieben Euro neunundneunzig. e. Was kostet ein Becher Joghurt? - Ein Becher Joghurt kostet fünfundzwanzig Cent. f. Was kostet eine Packung Milch? - Eine Packung Milch kostet neunundachtzig Cent. g. Was kostet eine Flasche Wein? - Eine Flasche Wein kostet drei Euro neunundneunzig. h. Was kosten zwei Dosen Bier? - Zwei Dosen Bier kosten zwei Euro zehn.
5. Kaffee - ein Pfund - eine Packung Zucker - Wie viel macht das zusammen? - vierundvierzig Euro neunzig - Auf Wiedersehen
6. a. hätte b. kostet c. kosten, kostet d. möchten, möchte e. braucht

Lektion 7

1. a. sie b. mich c. dich d. sie e. ihn f. es g. uns
2. Hemd, weiß, schwarz, Rock, grün, Hemd, Jacke, rot, Kleid, schwarz, orange, blau, violett, braun, grau, gelb
3. a. Der, Den b. Die - die c. den d. das
4. a. Ihnen - mir b. dir c. ihr d. ihm e. Ihnen - mir f. mir
5. a. Nein b. Doch c. Doch d. Nein e. Nein f. Ja g. Doch h. Doch i. Ja j. Doch
6. a. ä b. ö c. ü, ä d. ü
7. a. f b. e c. d d. a e. b f. c

Lektion 8

1. Darf man hier rauchen? Wollen wir am Samstag Fußball spielen? Kann ich Ihnen helfen? Willst du mit mir tanzen? Könnt ihr bitte das Frühstück machen? Muss ich mein Zimmer aufräumen?
2. a. isst b. esst c. liest d. fährt e. Triffst f. nimmt g. schläfst h. regnet i. hilft j. Gibst k. kann l. sollst m. kann n. wollt o. Musst p. können q. Darf
3. a. am b. In der c. im d. am e. Im f. in den g. im h. in der
4. a. dem b. der c. dem d. der e. dem
5. a. s, s b. sch c. S, Sch d. S e. S, sch f. ss, sch g. sch h. ss i. s j. ss k. sch l. ß, s
6. b. Ich kann das nicht verstehen. c. Wollt ihr Käsekuchen nehmen? d. Man darf hier nicht hineingehen. e. Er kann gut kochen. f. Am Wochenende wollen sie Fahrrad fahren. / Sie wollen am Wochenende Fahrrad fahren. g. Am Freitag will ich eine Party machen. / Ich will am Freitag eine Party machen. h. Stefanie kann im Flugzeug nicht schlafen. / Im Flugzeug kann Stefanie nicht schlafen. i. Darf ich den Deutschkurs besuchen? j. Du musst heute die Rechnung bezahlen. / Heute musst du die Rechnung bezahlen. k. Das Wetter in Spanien soll sehr schön sein. l. Es kann im Winter in Deutschland sehr kalt sein. / Im Winter kann es in Deutschland sehr kalt sein. / In Deutschland kann es im Winter sehr kalt sein. m. Darf ich eine Frage stellen? n. Wir müssen morgen früh aufstehen. / Morgen müssen wir früh aufstehen. o. Kannst du Schach spielen? p. Müssen die Studenten immer pünktlich sein?
7. a. f b. b c. a d. c e. d f. e

Lektion 9

1. der Straßenbahn; Ich fahre mit dem Fahrrad; Ich fahre mit dem Bus; Ich fahre mit dem Taxi; Ich fahre mit dem Zug; Ich fahre mit der U-Bahn; dem Flugzeug
2. a. in der b. im c. dem d. zu e. beim
3. a. Neben der b. Vor der c. An der d. Hinter der e. Zwischen der, dem f. Unter dem g. Auf dem h. Vor dem i. Vor dem j. Im

4. a. in die, in der b. zum, beim c. zum, beim d. zum, im e. ins, im f. in die, in der
5. a. ins, zum b. der, vom c. die d. Am e. zu, zu f. nach, zur g. der h. an

Lektion 10

1. a. fünf nach sechs b. 16:30, halb fünf c. 2:15, Viertel nach zwei d. dreizehn Uhr, ein Uhr/eins e. vierzehn Uhr fünfundfünfzig, fünf vor drei f. fünfzehn Uhr fünfundvierzig, Viertel vor vier g. neun Uhr dreißig, halb zehn h. elf Uhr fünfundzwanzig, fünf vor halb zwölf i. zwanzig Uhr zehn, zehn nach acht
2. a. ich stehe früh auf; ich stehe nicht früh auf b. ich räume gern auf; ich räume nicht gern auf c. ich sehe gern fern; ich sehe nicht gern fern d. ich lese gern; ich lese nicht gern e. ich schwimme gern; ich schwimme nicht gern
3. a. spät b. um c. bis d. nach
4. steht, auf, Um, geht, isst, um, hat, von, bis, besucht, geht, macht, geht
5. a. kommt, an b. ruft, an c. geht, aus d. habe, vor
6. a. hast, am, Um, gehe, st, mit b. mir leid, habe, am, gehe
7. b. Stehst du um sieben Uhr auf? c. Er macht am Morgen das Fenster auf. / Am Morgen macht er das Fenster auf. d. Sie ruft am Abend ihre Eltern an. / Am Abend ruft sie ihre Eltern an. e. Wann fährt der Zug nach Berlin ab? f. Ich kaufe in diesem Kaufhaus nicht gern ein. / In diesem Kaufhaus kaufe ich nicht gern ein. g. Räumt sie samstags ihr Zimmer auf? h. Wir kommen am Samstag in Deutschland an. / Am Samstag kommen wir in Deutschland an.

Mach mit! ❶

Deutsch für Anfänger

펴낸날 초판 1쇄 2014년 1월 29일
8쇄 2025년 6월 30일
지은이 이화여자대학교 독일어교재편찬위원회
펴낸이 주소현
펴낸곳 이화여자대학교출판문화원
주소 서울특별시 서대문구 이화여대길 52(우 03760)
등록 1954년 7월 6일 제9-61호
전화 02) 3277-2965(편집), 362-6076(마케팅)
팩스 02) 312-4312
전자우편 press@ewha.ac.kr
홈페이지 www.ewhapress.com
책임편집 김미정
일러스트 김미규
본문 디자인 정혜진
표지 디자인 김리영

ISBN 978-89-7300-999-2 14750
ISBN 978-89-7300-998-5(세트)
값 16,000원

* 잘못된 책은 구입처에서 바꾸어 드립니다.

이 도서의 국립중앙도서관 출판시도서목록(CIP)은 서지정보유통지원시스템 홈페이지(http://seoji.nl.go.kr)와
국가자료공동목록시스템(http://www.nl.go.kr/kolisnet)에서 이용하실 수 있습니다. (CIP제어번호 : CIP2014001382)

본 교재의 듣기 자료는 MP3 파일로 되어 있으며, 이화여자대학교 독어독문학과 홈페이지(home.ewha.ac.kr/~german)
자료실과 이화여자대학교출판문화원 홈페이지(www.ewhapress.com) 자료실에서 무료로 내려받을 수 있습니다.